Brief History of East China University of Science and Technology

华东理工大学
简明校史

主　编

王惠文　段义严

编　委

刘倩云　付晓宇　彭员员　程凌燕　何天雄

華東理工大學出版社

EAST CHINA UNIVERSITY OF SCIENCE AND TECHNOLOGY PRESS

·上海·

历史是一面镜子，鉴古知今，学史明智。

重视历史、研究历史、借鉴历史

是中华民族5000多年文明史的一个优良传统。

——习近平

2015年11月2日，李岚清同志向学校赠送校训篆刻印章：

勤奋求实、励志明德

前 言

巍巍学府，泱立东方。弦歌飞韵，溢彩流光。中华人民共和国成立后，百废待兴，百业待举，工业基础十分薄弱。作为与国计民生休戚相关的化学工业更是如此。1949年，整个中国化学工业的产值只有1.77亿元。寥寥亿元家当的背后，是国家对建立、振兴化学工业体系的殷切期待，以及化学工业对化学工程师的热切渴求。1952年，肩负“建设中华人民共和国第一所化工特色高等学府”的光荣使命，集交通大学、震旦大学、大同大学、东吴大学和江南大学5校深厚的化工底蕴，在中国近代化学工业的发祥地——上海，华东化工学院（华东理工大学前身）应运而生。

建校以来，华东理工大学栉风沐雨、砥砺歌行，薪火相传，笃行不怠；始终坚守教育初心，不忘强国使命；紧密围绕国家发展战略和经济社会需要，躬耕立德树人事业，面向世界前沿，弘扬科学精神，推动产业发展，传播优秀文化，博得“化学工程师摇篮”“人才辈出”的美誉。

回望历史，学校“缘化而立，依化而强”，在中华人民共和国奠基初期诞生，在化学工业积贫积弱中起航，在改革开放浪潮下腾飞，在新时代奋进征程上卓越，已由化工特色单一学科高校，发展成为“双一流”建设高校。学校砥砺奋进的发展历程，镌刻着一代代华理人的家国情怀，彰显出“勤奋求实、励志明德”的校训精神，形成独具特色的文化品格，一定程度上，也折射出我国教育事业和化学工业发展壮大和走向卓越的历史贡献。

习近平总书记曾经说过，“历史是最好的教科书”。一直以来，华东理工大学注重历史文化传承，以党建为引领，以立德树人为根本任务，全面贯彻党的教育方针，坚持杏坛丹心育英才、顶天立地做科研、创新发展立潮头、祖国大地写文章，为传递教育声音、展现教育成果、讴歌教育伟业做出自己独有的贡献。

为全面学习贯彻习近平新时代中国特色社会主义思想，帮助师生熟悉了解学校的历史变迁和历史文脉，华东理工大学档案馆深入发掘档案资源，出版《华东理工大学简明校史》，以图文并茂的典籍，生动诠释校史、立体传播校史，旨在有效凝聚师生校友，聚合学校发展力量，彰显校史育人功能，激励师生在继承历史传统、弘扬大学精神、培育社会英才、实现社会教化、促进文化交流中，进一步增强对学校的认同感和荣誉感，激发爱校荣校、爱党爱国意识，为学校高擎民族复兴、教育奋进大旗，立足新时代，扎根中国大地，建设中国特色世界一流大学和教育强国而群擘致力，勠奏华章，再创辉煌！

编委会

2023年12月

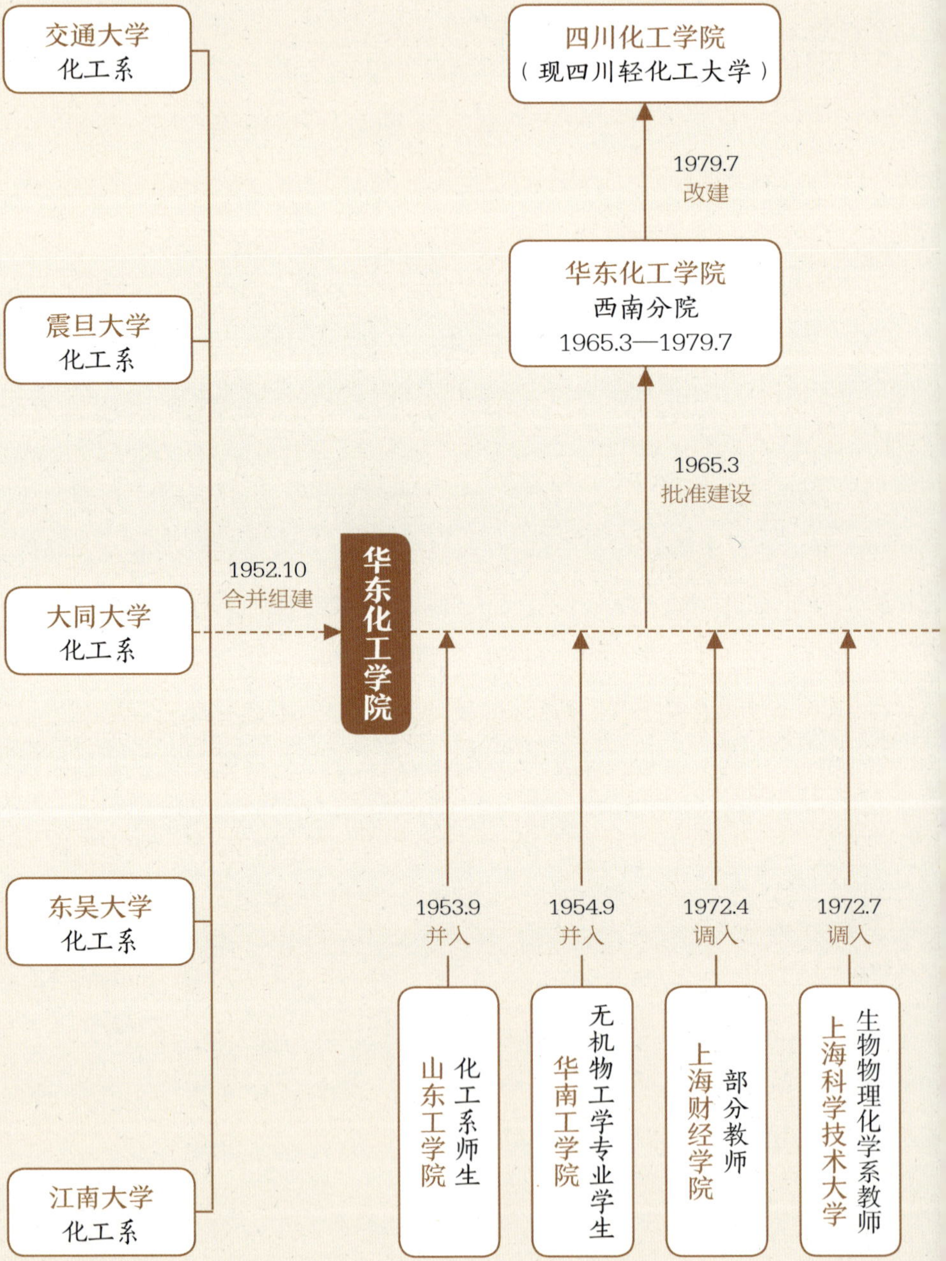
交通大学
化工系
震旦大学
化工系
大同大学
化工系
东吴大学
化工系
江南大学
化工系
1952.10
合并组建
华东化工学院
四川化工学院
（现四川轻化工大学）
1979.7
改建
华东化工学院
西南分院
1965.3—1979.7
1965.3
批准建设
1953.9
并入
1954.9
并入
1972.4
调入
1972.7
调入
山东工学院
化工系师生
华南工学院
无机物工学专业学生
上海财经学院
部分教师
上海科学技术大学
生物物理化学系教师

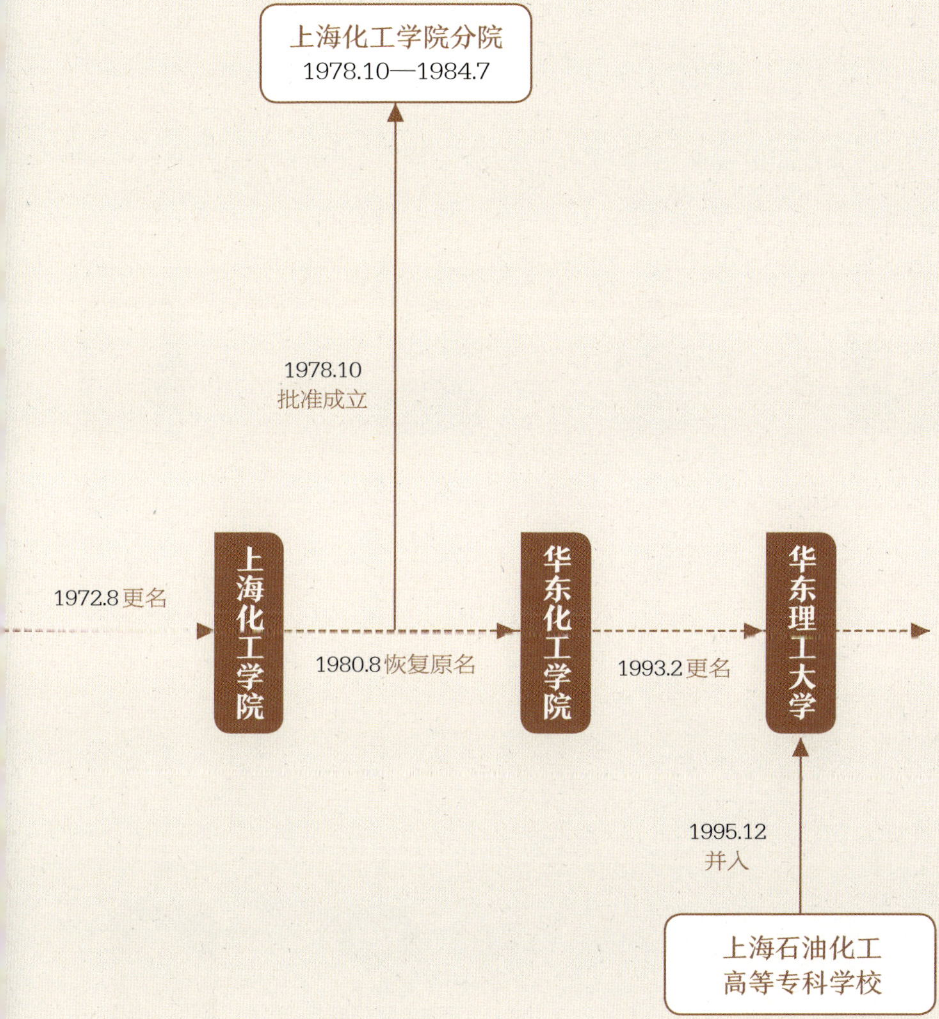
上海化工学院分院
1978.10—1984.7
1978.10
批准成立
1972.8 更名
上海化工学院
1980.8 恢复原名
华东化工学院
1993.2 更名
华东理工大学
1995.12
并入
上海石油化工
高等专科学校

学校领导

历任领导

党委书记　余仁

1952年9月—1960年2月
1981年2月—1985年9月

党委书记　田辛

1960年2月—
1966年10月代理书记

党委书记　潘文铮

1972年12月
—1981年2月

党委书记　蒋凌棫

1986年4月
—1994年2月

院长　张江树

1952年11月—1981年2月任院长
1981年2月—1982年1月任顾问
1982年1月—1989年10月任名誉院长

院长　朱正华

1981年2月—
1982年10月代理院长
1982年10月—
1985年9月任院长

校长　陈敏恒

1985年9月
—1994年2月

现任领导

党委书记　徐凤云
1994年2月
—2004年7月

党委书记　沈伟国
2004年7月
—2011年11月

党委书记　杨贤金
2011年11月
—2015年3月

党委书记　杜慧芳
2015年3月
—2023年11月

党委书记　蒋传海
2023年11月—

校长　王行愚
1994年2月
—2004年7月

校长　钱旭红
2004年7月
—2015年3月

名誉校长　成思危
2004年9月
—2015年7月

校长、党委副书记
曲景平
2015年3月
—2020年12月

校长、党委副书记
轩福贞
2020年12月—

目录

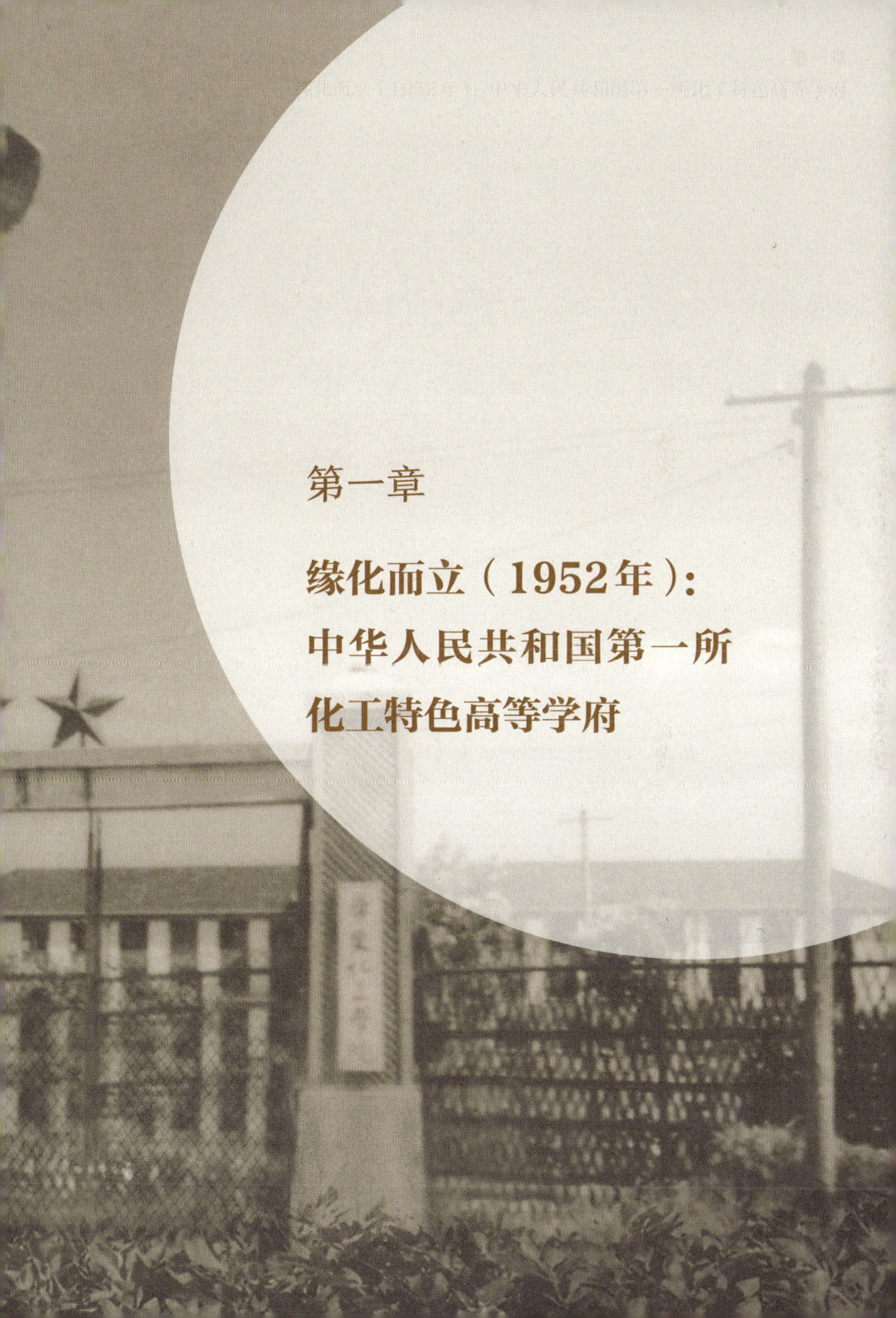

第一章

缘化而立（1952年）：中华人民共和国第一所化工特色高等学府

1952年夏，根据全国高等学校院系调整设置方案，交通大学、震旦大学、大同大学、东吴大学、江南大学5所高校化工系合并组建华东化工学院。校址位于上海市江湾平昌街（政法路195号，今杨浦区上海开放大学，原同济大学理学院旧址）。10月25日，“华东化工学院成立暨第一学期开学典礼”在江湾校区隆重举行。这一天，被定为“校庆日”。

1．“华化”肇启

为适应国家建设需要，教育部于1951年11月召开全国工学院院长会议，拟订全国工学院院系调整方案，揭开了全国高等学校院系调整的序幕。

1952年，按照中共中央“以培养工业建设人才和师资为重点，发展专门学校，整顿和加强综合性大学”的方针，教育部决定增加高等学校95所，并拟定发布了《关于全国高等学校1952年的调整设置方案》，实施了以华北、华东和东北三区为重点的全国高校院系调整。这次调整的特点是，除保留少数文理科综合性大学外，按行业归口建立单科性高校；大力发展独立建制的工科院校，相继新设钢铁、地质、航空、矿业、水利等专门学院和专业；把私立大学全部改为公立。

华东化工学院应运而生。

2．初心履印

1952年8月11日，华东军政委员会召开学校创建工作座谈会，出席会议的有：冯成湜、吴志高、程振远、邵家麟、张泽垚、程寰西、李琦、苏元复、琚定一、严沛霖、吕保龄、陈松茂、柳曾典、周淑仪、孟繁俊等。会议由华东区高校院系调整委员会办公室主任曹未风主持。会议决定：学校定名为“华东化工学院”，由交通大学、震旦大学、大同大学、东吴大学、江南大学5所高校的化工系合并而成；校址位于上海市江湾平昌街（政法路195号），原同济大学理学院旧址；成立建校筹备小组，邵家麟、苏元复为召集人，筹备小组暂在大同大学办公。

8月12日，筹备小组在大同大学召开第一次会议，经大家讨论，决定成立秘书组（严沛霖负责）、系科设置组（苏元复负责）、师资员工调配组（吴志高负责）、图书仪器设备组（冯成湜负责）和校舍组（琚定一、陈松茂负责）。13日，各组成员赴同济大学理学院实地察看。14日，正式开始办公。

交通大学校门

震旦大学校门

大同大学校门

江南大学校门

东吴大学校门

扫码观看视频

延伸阅读 学校创建工作座谈会学生代表柳曾典访谈

3. 江湾起航

1952年10月25日，“华东化工学院成立暨第一学期开学典礼”在江湾校区隆重举行。至10月下旬，注册教职工268名，各校转来学生452名，加上当年招收的272名新生，全校总计约1 000人。10月20日，“华东化工学院印”正式启用。至此，中华人民共和国第一所化工特色高等学府诞生。

校名（华东化工学院）由华东军政委员会文化教育委员会主任舒同（中国书法家协会第一届主席，第二、第三届名誉主席）亲笔题写。

1952年11月13日，中央人民政府任命著名化学家、教育家张江树为华东化工学院院长。1953年1月20日，中共上海市委高等学校党工作委员会批准成立由余仁、钱昌彬、严沛霖、王仲华、丁西三、李琦、龚德明、冷作述8位同志组成中共华东化工学院委员会，余仁为书记。

▲ 华东化工学院印

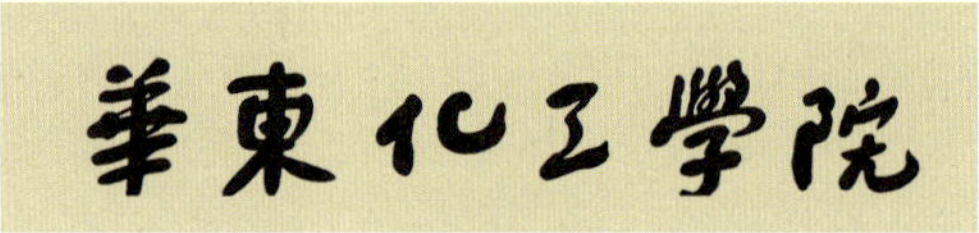

▲ 校名

张江树

余仁

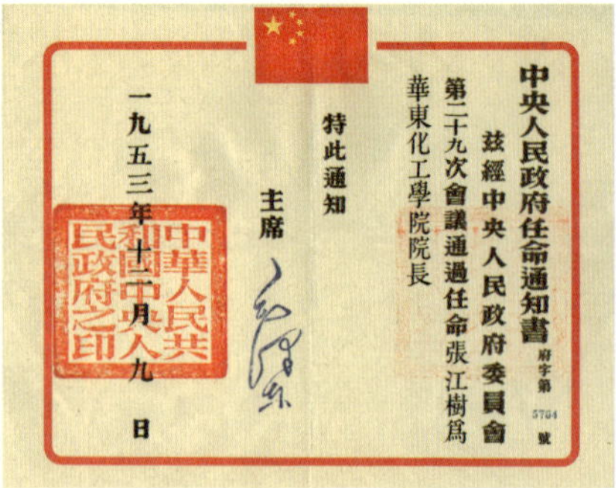

中央人民政府任命通知書 府字第5764號

茲經中央人民政府委員會第二十九次會議通過任命張江樹爲華東化工學院院長

特此通知

主席

一九五三年十一月九日

中華人民共和國中央人民政府之印

▲ 张江树任命通知书

▲ 教工宿舍

▲ 校车

▼ 办公楼

▲ 校门

▲ 实验楼

▲ 教学楼、操场

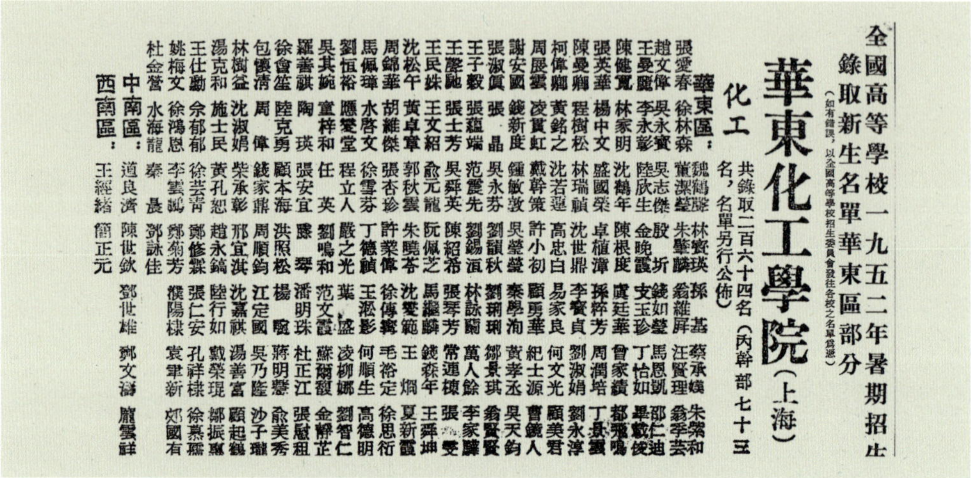
全國高等學校一九五二年暑期招生錄取新生名單華東區部分
（如有錯誤，以全國高等學校招生委員會發往各校之名單爲準）

華東化工學院（上海）

化工 共錄取二百六十四名（內幹部七十五名，名單另行公佈）

華東區：

張愛春 徐林森 魏鶴齡 林寶瑛 孫 基 蔡承嫫 朱榮和
黨潔瑩 朱鑒麟 翁維屏 汪賢理 翁季芸
趙文偉 吳永寶 吳志傑 殷 圻 錢如璧 馬恩凱 邵仁迪
王曼麗 李永彰 陸欣生 金晚霞 支玉珍 丁怡如 畢載俊
陳健寬 林家明 沈鶴年 陳根度 盧廷華 曾家績 都飛鳴
張英華 楊中文 盛國榮 卓植漳 孫粹芳 周潤培 丁慕雲
陳曼卿 程樹松 林瑞禎 沈世鼎 李寶貞 劉淑娟 劉永淳
柯偉卿 黃銘之 沈若遐 高忠白 易家良 何文光 顧美君
周展雲 凌貫虹 戴幹策 許小初 顧勇華 紀士源 曹鏡人
謝安國 錢新度 鍾敏敦 吳瑩瑩 秦學洵 黃孝丞 吳天鈞
張淑貞 張 晶 吳永芬 劉韻秋 劉琍琍 鄒景琪 翁賢賢
王子穀 張蘊端 范震先 劉錫渹 林詠蘭 萬人餘 李家驊
王馨颸 張士芳 吳舜英 陳紹希 張琴芳 常連棣 張 雯
王民姝 王文紹 俞元龍 阮佩芝 馬繼麟 錢森年 王舜坤
沈松午 黃卓章 郭秋雲 朱曉苓 沈雯範 王 炯 夏新霞
周錦華 胡維傑 張杏珍 許業偉 徐傳寧 毛裕定 徐思衍
馬佩璋 水啓文 徐雪芬 丁德禎 王淞影 何順生 高德明
劉恒裕 應燮堂 程立人 嚴之光 葉 盛 凌柳娜 劉智仁
吳其琬 童梓和 任 英 劉鳴和 范文霞 蘇爾馥 金靜芷
羅善祺 陶 瑛 張安宜 滕 琴 潘明珠 杜正江 張慰祖
徐會蓬 陸克勇 顧本海 洪照松 楊 曜 蔣明懋 俞美秀
包懷清 周 偉 錢家鼎 周順鈞 江定國 吳乃陞 沙子瓛
林樹益 沈淑娟 柴承彰 邢宜淇 沈嘉祺 湯善富 顧起鶴
湯克和 施士民 黃孔恕 趙永鎬 陸行如 戴榮琨 鄒振寰
王仕勳 佘郁郁 徐芸青 鄭修粲 張仁安 孔祥棣 徐慕蓀
姚梅文 徐鴻恩 李雲鵡 鄭菊芳 濮陽棣 袁聿新 邵國有
杜金營 水海龍 秦 晨 鄧詠佳

中南區：道良濟 陳世欽 鄧世雄 鄭文濤 龐雲祥

西南區：王經緒 簡正元

▲ 1952年9月29日，《大公报》刊登华东化工学院录取新生名单（部分）

1952年，除五校调来的师生外，还从复旦大学、同济大学、华东师范大学、圣约翰大学、沪江大学和华东人民革命大学等校调来教师31名，共计教师105名（其中教授27名、副教授8名、讲师18名）。1953年，山东工学院化工系5名教师68名学生并入。1954年，华南工学院无机物工学专业二年级58名学生并入。

五校调来师生数量

学　校	教　师	职　员	学　生
交通大学	28	9	97
大同大学	17	44	163
震旦大学	11	3	50
东吴大学	8	1	91
江南大学	10	3	48
总计	74	60	449

4. 大师荟萃

建校之初，学校云集了国内最负盛名、最具影响力的化学化工专家和教育家。其中，有高级职称者35名，大多为欧美留学归国学者，代表着当时国内甚至国际化学化工等学科领域的顶级水平。

1952年建校时师资来源情况

师资来源	人数	教　师　名　单
交通大学	28	王承明、朱之培、朱正华、朱周晶、朱炳辰、朱逢申、刘馥英、苏元复、张礼权、邵令娴、李世瑨、陆兆锷、吴指南、张润庠、何家溱、李道纯、吴鹤峰、李懋观、周志浩、杨鑀康、宣葆元、顾其威、黄德昭、琚定一、谢端绶、蒋慰孙、路琼华、滕湘君
大同大学	17	冯宗菽、吕保龄、伍捷申、陈行表、张我裁、陈松茂、严沛霖、李颖川、陆慕劬、周昌寿、周祖训、徐任民、徐伟成、顾振军、曹一华、梁世懿、诸葛濂
震旦大学	11	尤娴琇、冯成湜、陈学让、吴泽炜、张铸勇、杨炳良、胡志绥、胡宗亮、顾　璆、黄德成、蒋世勳
东吴大学	8	马仁昌、尤大钺、尤大衡、宋　彬、吴志高、严秉淳、施亚钧、俞俊棠
江南大学	10	丁　伟、尤冠群、朱勉鋆、沙必时、张泽垚、张震旦、诸培南、蒋凌棫、程寰西、穆光照
复旦大学	5	刘凤华、陆静孙、陶延桥、程伯群、蒋宗钰
同济大学	10	汪　仁、陈之霖、巫安泰、李国镇、胡绍华、赵德仁、徐寿昌、顾毓珍、黄圣惠、程振远

续表

圣约翰大学	5	朱明华、刘准业、范珊祥、柯振岗、夏定扬
沪江大学	3	宋廷恺、李明馨、程耀椿
华东师范大学	2	邵家麟、秦美玲
中华工商专科学校	2	陆元亮、秦宝通
上海市工业专科学校	1	龚德明
南京高级步兵学校	1	龚家鹿
华东军政委员会	2	胡梅轩、曹鑫澍
合　计	105	

建校初期部分教师留学情况

姓　名	留 学 校 名	毕业时间	学　位
张江树	美国哈佛大学	1926年	硕士
苏元复	英国曼彻斯特大学	1937年	硕士
张泽垚	美国俄亥俄州立大学	1921年	博士
邵家麟	美国康奈尔大学	1927年	博士
陈维新	德国柏林工业大学	1939年	博士
顾毓珍	美国麻省理工学院	1932年	博士
陶延桥	英国利兹大学	1925年	硕士
琚定一	英国伯明翰大学	1940年	硕士
李盘生	美国华盛顿大学	1953年	博士

续表

姓　名	留 学 校 名	毕业时间	学　位
刘馥英	德国明斯特大学	1939年	博士
陆静荪	英国利兹大学	1935年	硕士
马誉澂	加拿大多伦多大学	1949年	
李世瑨	美国哥伦比亚大学	1949年	
吴志高	美国俄亥俄州立大学	1941年	博士
陈之霖	日本京都帝国大学	1927年	学士
陈松茂	德国卡尔斯鲁厄工业大学	1939年	工程师
唐崇礼	英国伦敦大学	1938年	硕士
程寰西	美国芝加哥大学	1920年	博士
刘准业	美国华盛顿大学	1924年	硕士
王承明	美国麻省理工学院	1945年	硕士
李懋观	德国波恩大学	1938年	博士
严秉淳	美国纽约理工学院	1949年	肄业
吴步洲	美国海岸巡防电子学院	1946年	
徐韦曼	美国伊利诺伊大学	1922年	学士
徐伟成	美国密歇根大学	1938年	硕士
章德怡	美国密歇根大学		
陆鼎传	美国华盛顿大学	1926年	硕士
程耀椿	美国哥伦比亚大学	1927年	博士
周坤永	美国哥伦比亚大学	1949年	肄业
程伯群	美国北卡罗来纳大学		博士

建校初期“四级”以上教授名录

一级教授					
张江树					

二级教授			
邵家麟	苏元复	冯成湜	琚定一
陶延桥	陈维新	顾毓珍	张泽垚

三级教授					
汪葆浚	刘馥英	陈松茂	张震旦	陆静孙	陈之霖
李世瑨	张我裁	马誉澂	程寰西	程耀椿	曹一华
唐崇礼	吴志高	周昌寿	李盘生		

四级教授				
周祖训	张润庠	刘准业	吴泽炜	王承明
李懋观	严秉淳	吴步洲	徐韦曼	徐伟成

5. 专业设置

1952年建校时，学校共有3个系5个本科专业。此外，开设5个专修科：食盐电解、玻璃、硫酸、皮革、工业分析。1953年，5个专修科全部停办，工业分析专修科调整到浙江大学，皮革专修科学生转至学校其他专业继续学习。

1952年建校时系（专业）设置

系 名	系 主 任	专 业 名 称
无机工业系	张泽垚	无机物工学 矽酸盐工学
有机工业系	冯成湜	燃料化学工学 有机合成工学
化工机械系	琚定	化学生产机器与装备工学

张泽垚

冯成湜

琚定一

人物链接 张江树——首任校长

张江树

张江树（1898.6.15—1989.10.8），江苏常熟人，民盟盟员、中共党员，物理化学家、教育家，中国物理化学与胶体化学奠基人。1918年毕业于南京高等师范学校；1926年获哈佛大学理学硕士学位。先后在上海光华大学、国立第四中山大学、武汉大学、国立中央大学等校任教授。1932年参与、发起成立中国化学会，曾任该会第8～10届理事会理事，是中国化学会最早的创办人之一，被誉为“建会元勋”。1952年起调任华东化工学院院长。

● 编写中国第一本物理化学教材

早在20世纪三四十年代，张江树就在化学科学研究方面，取得过不少成果，曾发表《铜与盐酸之化学作用》《氯化亚铜在浓盐酸中的浓度》《阳起石的分析》《用共鸣法测定电解常数及电矩》《中国三电化学研究》等10余篇论文。1945年，他编写的《理论化学实验》一书问世，这是我国化学工作者编写并出版的第一本物理化学（旧称理论化学）教材。

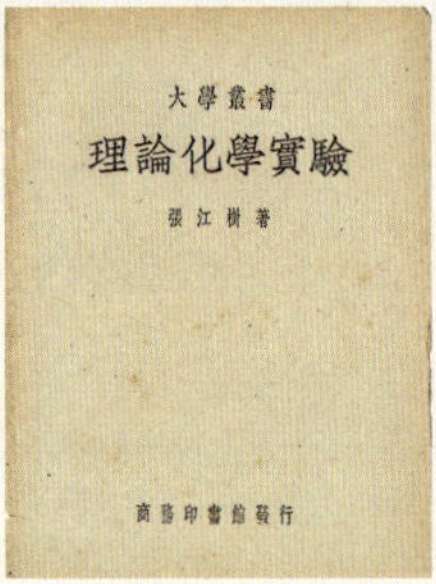

▲ 张江树编著的《理论化学实验》

● 坚持为本科生上课

他常说：“讲课是一门艺术，其提高是永无止境的。”他讲授物理化学这门课已有几十年，可谓驾轻就熟、经验丰富，但每次上课前，他仍要认真备课，把讲授大纲预先写好，做到年年有所不同、有所改进。他亲自为学生单独讲授“熵”的概念。为了让更多的学生有机会听讲，讲课地点常安排在最大的阶梯教室内。开讲那天，学生都会早早地去抢占座位，晚来的学生，只能自带方凳坐在走道上、讲台旁。最后连窗台上、墙角边都挤满了人。在他的带头和影响下，学校所有的正、副教授都下课堂为学生上课。

● 倡导教授治学的办学理念

张江树特别重用人才，把一大批从交通大学、震旦大学、大同大学、东吴大学、江南大学等校调来的教授，放在教学、科研的第一线，并委以重任，发挥他们各自的专长和作用。在他的领导下，学校成立了以教授为主的院务委员会、科学研究指导委员会、学术审议委员会、教学计划修订委员会、行政与系主任联席会议等，使学校的教学质量、科研水平、实验室建设等得到有力保障、提高和发展。建校仅仅 8年，学校就进入国家重点大学行列。

● 长期担任我国高校化学课程教材编审委员会主任

新中国成立初期，我国高校选用的教材多为国外原版或译本，已不适应当时的国情和人才培养的需求。为此，张江树组织学校教师开展教材编写工作。1958年，国家决定全部采用自主编写的教材。学校承担了《物理化学及胶体化学》《有机化学》《无机化学教程》《化学工业过程及设备》《分析化学》等多部高等工业院校教材编写任务。 1962年10月，教育部聘请张江树为我国高等工业学校化学课程教材编审委员会主任，确立了他在该类教材编写工作中的权威地位。

张江树等编写的
《物理化学及胶体化学》

扫码观看视频

延伸阅读 校史人物连环画——张江树

第二章

发展壮大（1953—1977年）：教育部直属全国重点高校

建校以来，全校师生员工勤奋求实、团结拼搏，办学成效显著。1960年，学校被批准为全国重点高校，直属教育部。1965年，学校积极响应国家建设“大三线”的号召，在四川自贡创办西南分院（代号“652工程”）；1972年8月，中共上海市委决定，学校更名为上海化工学院。

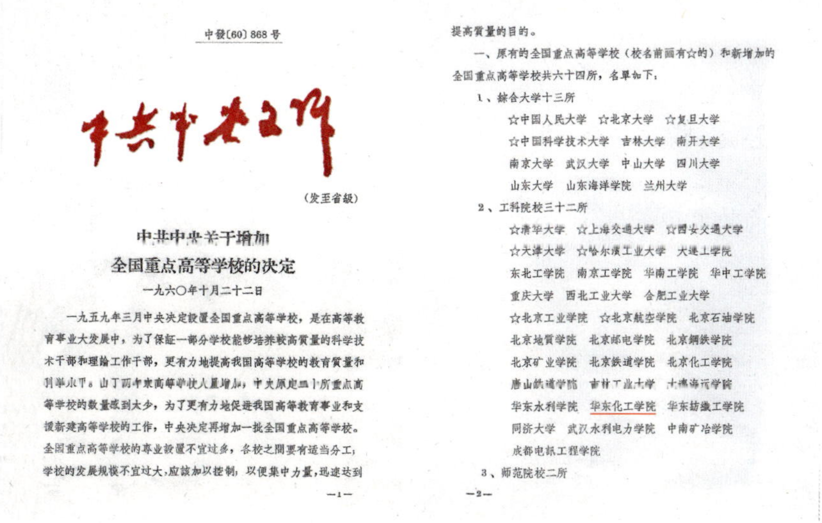

中發〔60〕868号

中共中央文件

（发至省級）

中共中央关于增加
全国重点高等学校的决定
一九六〇年十月二十二日

一九五九年三月中央决定設置全国重点高等学校，是在高等教育事业大发展中，为了保証一部分学校能够培养較高質量的科学技术干部和理論工作干部，更有力地提高我国高等学校的教育質量和科学水平。由于两年来高等学校大量增加，中央原定二十所重点高等学校的数量感到太少，为了更有力地促进我国高等教育事业和支援新建高等学校的工作，中央决定再增加一批全国重点高等学校。全国重点高等学校的专业設置不宜过多，各校之間要有适当分工；学校的发展规模不宜过大，应該加以控制，以便集中力量，迅速达到

—1—

提高質量的目的。

一、原有的全国重点高等学校（校名前画有☆的）和新增加的全国重点高等学校共六十四所，名單如下：

1、綜合大学十三所

☆中国人民大学　☆北京大学　☆复旦大学
☆中国科学技术大学　吉林大学　南开大学
南京大学　武汉大学　中山大学　四川大学
山东大学　山东海洋学院　兰州大学

2、工科院校三十二所

☆清华大学　☆上海交通大学　☆西安交通大学
☆天津大学　☆哈尔濱工业大学　大連工学院
东北工学院　南京工学院　华南工学院　华中工学院
重庆大学　西北工业大学　合肥工业大学
☆北京工业学院　☆北京航空学院　北京石油学院
北京地質学院　北京邮电学院　北京鋼铁学院
北京矿业学院　北京铁道学院　北京化工学院
唐山鉄道学院　吉林工业大学　大連海运学院
华东水利学院　华东化工学院　华东紡織工学院
同济大学　武汉水利电力学院　中南矿冶学院
成都电訊工程学院

3、师范院校二所

—2—

▲ 1960年，学校被批准为全国重点高校

1. 迁校梅陇

学校创建时，师生员工近千人，但江湾校区面积不足50亩[1]，扩校迫在眉睫。1952年11月15日，学校成立了新校区工程基建委

1　1亩≈667平方米。

员会，主要工作由余仁、苏元复、钱昌彬负责。1952年底，高等教育部和华东军政委员会文教委批准学校在上海西南郊征地兴建新校区。初次征地约600亩，置门牌于梅陇路130号。

1953年9月7日，学校在梅陇举行新校区开工典礼，基建工程由华东建筑设计公司设计，由华东建筑工程局第一建筑工程公司承建。1954年7月，工程竣工。1954年8月14日，学校开始大规模搬迁；10月初，新、老学生均在梅陇校区开学，江湾校区交还政府。

▲ 和平楼

▲ 大礼堂

▲ 西教室（现为第二教学楼）

▲ 图书馆

▲ 水塔

▲ 民主馆（现为实验四楼）

▲ 1950年代梅陇校区鸟瞰图

2. 探索前行

中华人民共和国成立初期，化学工业得到高度重视和有力推动，急需建设人才。作为中华人民共和国第一所化工特色的重点院校，华东化工学院参照苏联专业目录，并结合产业发展需要，积极探索中国特色化工人才培养模式，为推进中国化工高等教育事业和产业经济发展，培育了一大批杰出人才，做出了开创性贡献。

学校最早的毕业生

为支援国家建设，不少高校学生提前毕业，奔赴工业建设最前线。1953年3月，学校11名无机物工学专业的学生提前半年毕业；1953年8月，学校233名学生提前一年毕业。

▲ 1953年2月，学校首批毕业生合影

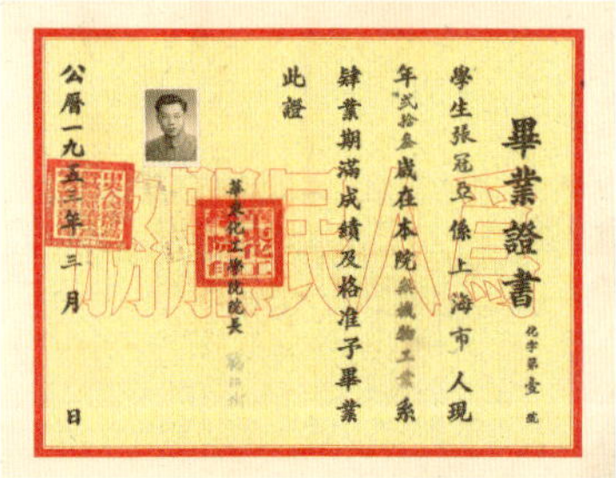

化字第壹號

畢業證書

學生張冠亞係上海市人現年貳拾叁歲在本院無機物工業系肄業期滿成績及格准予畢業

此證

華東化工學院院長

公曆一九五三年三月 日

▲ 1953年，学校颁发的首张本科毕业证书

▲ 1953年8月，学校第一届毕业生合影

招收副博士研究生

为培养高等学校师资和科学研究人才，1956年7月，高等教育部决定在部分高等学校中招收副博士研究生。华东化工学院获准招收化工原理、硫酸工学、抗生素制造工学3个专业的研究生4名。其中，化工原理2名，由苏元复教授、顾毓珍教授担任导师；硫酸工学1名，由吴志高教授担任导师；抗生素制造工学1名，由马誉澂教授担任导师。经过严格的考试，共录取了卢鸿业、周展云、金国樵和李友荣4名学生。1961年8月，李友荣通过论文答辩获准毕业，取得学校办学历史上第一张研究生毕业证书。

苏元复

顾毓珍

马誉澂

吴志高

▲ 1956年，学校首批副博士研究生导师

毕业文凭

研究生 李友荣 係福建省(市)

上杭县(市)人，現年三十岁，在本院

抗菌素工学专业

学习，現已按教学計划完成全部学业，成績及格，准予毕业。

華東化工學院

院长

一九六一年八月 日

文凭登記第 号

◀ 1961年，学校颁发的首张研究生毕业证书

人物链接 苏元复——学校首位院士

苏元复

苏元复（1910.4.19—1991.6.17），浙江海宁人，化学工程学家、教育家，中国化学工程学科奠基人之一。1980年当选为中国科学院学部委员（院士）。1933年毕业于浙江大学化工系，1937年获曼彻斯特大学工学院硕士学位。曾任华东化工学院副院长和中国化工学会副理事长、常务理事。长期致力于化学工程学研究，对液液萃取过程的理论和设备、矿物资源综合利用做出突出贡献。他的研究成果和学术思想对我国现代化学工程学的发展有重要指导意义。

• 调整专业方向，投身抗日战场

抱着科学救国、工业救国的理想，1935年，苏元复考入曼彻斯特大学工学院，专攻人造丝（纤维）专业方向。1937年，抗战爆发，他立即调整专业方向，经德国转赴瑞典卜福司火药炸药厂和爱沙尼亚塔林工厂实习，掌握了硝酸、火药、硝化甘油等关键生产技术。1938年9月，抗战炮火连天。苏元复经法国马赛回国，直奔四川、参加抗战，担任四川泸州兵工厂研究员，兼第五工场和氧气工场主任工程师。先后完成液氧炸药、油脂水解提取甘油和甘油精制等实验研究，并建成中试工厂。

• 发明提取铀和钍的新工艺

20世纪60年代初，为了独立自主地研制原子弹，国家急需放射性元素铀和钍的提炼技术。由于我国铀钍矿藏品位较低，并多与其他有色金属元素伴生，分离难度高，不能简单地搬用国外的提炼工艺。苏元复提出从独居石中用湿法提炼铀、钍和稀土，获得了高纯度的硝酸铀酰和硝酸钍，以及稀土元素的硝酸盐。这项研究开创了分离铀、钍、稀土元素的新途径，为我国核工业的发展做出了贡献。1964年，上海跃龙化工厂据此建成了国内第一条处理独居石矿的生产线，其分离技术和产品质量长期处于国内领先水平。

• 发明提取麻黄素的新方法

为改变我国麻黄素生产的落后面貌，苏元复带领团队潜心研究，早在1950年代就发明了用萃取法从麻黄草浸渍液中提取麻黄素的新工艺。该发明被山西大同制药厂和内蒙古赤峰制药厂采用，并推广到新疆一带。1980年代初，他又运用转盘萃取塔提取麻黄素，并不断改进麻黄素萃取所用的设备，使流程更趋完善。该成果获1985年国家科学技术进步三等奖。

• 编译中国第一部化学工程中文教科书

苏元复长期致力于化工教学，对中文教材的建设倾注了极大精力。早在1935年，他就与张克忠合编了《无机工业化学》。中华人民共和国成立后，多数课程没有中文教材。1951年，他和张震旦、王承明合作编译了《化工原理（上、下册）》。这是我国编译的第一部化学工程中文教科书，被全国各大学有关专业普遍采用。该书在英文教科书的基础上，充分吸收了当时化工科技的最新成果。在编译过程中，苏元复等拟定了许多化工术语，其中如“压头”“流化”“沟流”“腾涌”等词，为学术界所公认。

为培养我国自己的制碱专业人才，苏元复和李世瑨最早将侯德榜用英文写成的专著《制碱》（*Manufacture of Soda*）一书，译成中文，作为大学教材。

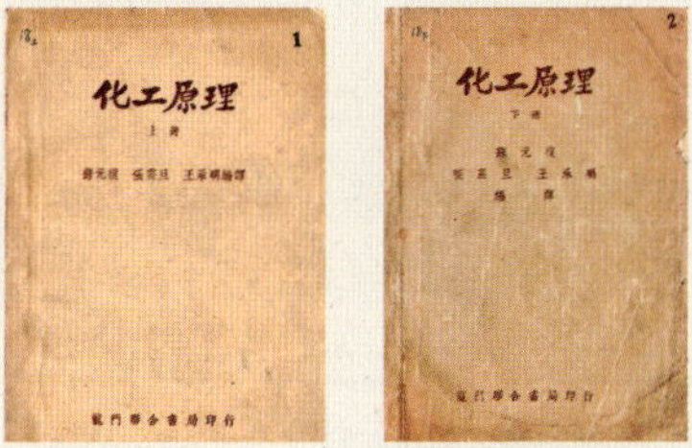

苏元复等编译的《化工原理》▶

扫码观看视频

延伸阅读 校史人物连环画——苏元复

人物链接 顾毓珍——中国化学工程学会创会元老

顾毓珍

顾毓珍(1907.3.9—1968.7.27)，江苏无锡人，九三学社社员，化学工程专家，中国液体燃料与油脂工艺研究的开拓者，中国流体传热理论研究的先行者。1921年考入清华学校，1927年赴美留学，1932年获美国麻省理工学院化学工程博士学位。1952年从同济大学调到华东化工学院任教，先后任化工原理、化学工程教研室主任。他所从事的湍流流动的动量传递与热量传递研究、喷动床技术研究，与国际前沿课题同步，是中国“三传一反”化学工程基础研究的先导。

• 发起创立中国化学工程学会

在麻省理工学院学习期间，为研究学术，提倡化工事业，推动中国化工生产能在最短时间内达到自给自立，1930年2月9日，顾毓珍与其他中国留学生一起发起成立中国化学工程学会。程耀椿、顾毓珍、张洪沅、杜长明、何玉昆5人为第一届理事，其中程耀椿任会长，顾毓珍任书记，张洪沅任会刊委员会和名词委员会主席。学会成立后，受到侯德榜等中国化工界前辈的大力支持。学会出版的会刊《化工》，后更名为《化学工程》，先后出版过14卷。会刊记录了中国化工先行者的主要科研和产业化成果，保存大量中国化学工程方面的珍贵史料，被誉为中国化工之史记。

• 致力于液体燃料、油脂工业研究与化工实业开发

早在1934年12月17日，顾毓珍就提出“以我国之优越农产情形，若能谋其利用之道，以补石油矿之不足，实尽善尽美之计”等颇具战略前瞻性的观点。1937年，以中央工业试验所顾毓珍等的研究试验为依据的酒精汽油混合燃料办法被南京国民政府正式推广实施。而代替汽油作混合燃料的酒精浓度须在98%以上，1938年10月，顾毓

珍发明循环式氯化钙法制造高浓度酒精，获当时经济部审查批准的十年专利权。同时，南京国民政府经济委员会又组织棉籽油研究委员会研究如何利用棉籽油来代替柴油。顾毓珍作为委员会成员之一，与中央大学工学院、江南汽车公司合作，成功研发出棉籽油替代柴油的方法。后被推而广之，应用于其他的植物油。植物油裂化制造“汽油”的试验成功，为战时因地制宜设立汽油替代品提炼厂，解决液体燃料的自给问题开辟了一条新路。

1938年后，顾毓珍综合历年研究与试验结果所得，先后编写了《液体燃料》《油脂制备学》《油脂工业》等书，是中国早期液体燃料、制油工业难得的学习参考用书，为国内液体燃料、油脂工业生产奠定了理论和实践基础。

● 研究湍流传热理论

顾毓珍在博士论文*Mechanisms of Isothermal and Non-Isothermal Flow of Fluids in Pipes*（《圆管中流体在等温和非等温流动状态下之机理研究》）中提出流体在圆管内流动时的摩擦系数与雷诺数的关联式。相关研究成果发表在《美国化学工程师学会丛刊》上，之后又被编入R.H.Perry主编的《化学工程师手册》及McAdams所著《传热学》书中，称为“顾氏公式”，获得国际学术界公认。

20世纪50年代后期，顾毓珍对圆管内流体作湍流流动时的动量传递和热量传递开展研究，提出了光滑管与粗糙管两种湍流流体摩擦系数经验关联式，该公式又被称为“顾毓珍关联式”。与20世纪60年代初国外兴起的“三传一反”（即动量传递、热量传递、质量传递过程和化学反应工程）的化学工程基础理论研究不谋而合，对跟踪国际前沿课题的研究起到先导作用。1964年，他撰写了《湍流传热导论》一书，时任化学工业部副部长、化工专家侯德榜亲自为该书作序。

人物链接　马誉澂——让中国人用得起青霉素

马誉澂

马誉澂（1903.4.1—1966.7.30），广东顺德人，九三学社社员，抗生素专家，国产青霉素批量生产的主要贡献者之一。1927年毕业于燕京大学化学系，后在北平协和医院工作。1945年前后，马誉澂的研究专业由临床化学转向抗生素。1949年底，马誉澂用醋酸钾乙醇饱和溶液为结晶剂，直接从提炼液中结晶青霉素钾盐获得成功，青霉素钾盐晶体在1950年8月的全国医药卫生科技展览会上展出，受到中央人民政府卫生部的嘉奖。

● 突破国产青霉素工业化生产的关键技术

1949年以前，青霉素水提液经冷冻干燥后制得的成品为黄色无定形粉末，这种产品不耐热，需冷藏保存。由于当时产量很少，生产出来后直接用于治疗，因此无须结晶精制。而实现工业化生产，必须制成结晶。

1948年4月，马誉澂主持中央防疫实验处的青霉素研制工作。同年8月，前往加拿大多伦多大学卫生学院进修。他刚到加拿大，就被告知青霉素制造工艺“不得外传”。后来，马誉澂设法得到一个为期4个月的去青霉素厂实习的机会。1949年夏，他又去了美国的相关青霉素生产厂继续参观。虽然美方工厂不肯透露青霉素的结晶方法，但马誉澂在参观过程中就掌握了结晶方法，并提出用醋酸盐作结晶剂，从青霉素原始提取液中直接制取结晶的创新工艺，同时决心回国推进国产青霉素的工业化生产。但美方要他留下来工作，否则就不准他回国，并下令停止他的参观活动。马誉澂只得借口去日本考察。临行前，他随身携带了几瓶用青霉素瓶封装的菌种。但从日本带出时却被海关查了出来，只好“谎称”这是身体不适正在服用的药品，并当场吃下一瓶才得以过关。

1949年12月，马誉澂、刘璞使用醋酸钾的乙醇饱和溶液成功获得青霉素钾盐结晶。1950年初，马誉澂等进行了中试放大，生产出了中国第一批结晶青霉素钾针剂，一举冲破了美国的封锁。

1953年5月1日，第一批国产青霉素针剂在上海第三制药厂正式投产，童村任副厂长兼总工程师，马誉澂任工程师，揭开了中国自行批量生产抗生素药物的历史。

● 精心建设中国第一个抗生素制造工学专业

1954年底，国家为培养抗生素生产制造的专门人才，决定将抗生素制造工学专业设在华东化工学院，并调配卫生部、轻工业部等相关专家前来支援教学工作。

作为全国抗生素学术委员会委员、著名的抗生素专家，马誉澂编著了国内最早一部系统介绍抗生素研究、制备、检测等方面知识的专著《抗生素》。1956年4月，他奉命调入华东化工学院，支援抗生素制造工学这个新专业的建设，任抗生素教研组副主任。他全身心投入教学工作，带领大家克服各种困难，还建立了专业实验室等，使抗生素制造工学专业较快地成为当时非常“热门”的专业。该专业毕业生，后来大多成长为国内抗生素厂的技术中坚和领导骨干。

▲ 马誉澂编写的《抗生素》

● 招收副博士研究生

1956年，国家首次实施副博士研究生招生，鉴于抗生素制造工学专业的重要性和马誉澂的学术水平，他获准招收该专业副博士研究生，成为华东化工学院首批4位研究生导师之一。1961年8月，他的首位副博士研究生、全国第一个抗生素制造工学专业的研究生李友荣顺利通过了论文答辩，获准毕业并留校任教。

扫码收听音频

人物链接 吴志高——创办科技外语系

吴志高

吴志高（1910.11.14—2002.8.8），浙江杭州人，民盟盟员，化学工程专家，中国硫酸制造业研究者。1934年毕业于杭州之江大学化学系；1936年赴美留学，先后就读于密歇根大学、俄亥俄州立大学；1941年获俄亥俄州立大学化学工程博士学位；1952年从东吴大学调到华东化工学院任教，先后担任硫酸专修科主任、无机化工系和基础部副主任。1982年创办科技外语系，任系主任。1950年代起，先后参与指导东北301厂人造石墨工艺的设计、上海硫酸厂的设计、上海吴泾化工厂的总体设计及硫酸车间的设计。

● 参与建设中国第一个大型人造石墨厂

1950年，朝鲜战争爆发。在苏州东吴大学任教的吴志高得知，东北各钢厂急需生产枪炮所用的特种钢，要用到大量的人造石墨，却因西方国家技术封锁而受到掣肘时，便自告奋勇利用暑假去抚顺矿务局，指导、参与人造石墨试制。其试制的石墨小样在抚顺制钢厂试用后，取得很好的效果，其性能不亚于进口的苏联产品。

为此，东北工业部以“对制造人造石墨有丰富经验及具有渊博知识”为由，向教育部发函，要求借调吴志高前往东北协助新建大型人造石墨厂。吴志高再赴东北，历时半年多时间，指导设计、建设了中国第一个大型人造石墨厂。1952年，东北工业部向吴志高颁发了试制新产品奖。

● 情系硫酸工业，培育化工人才

硫酸，是最重要的基础化学工业产品之一，被称为“工业之母”。1949年后，国家大规模改扩建、新建一批硫酸厂，发展自己的硫酸工业。

硫酸生产工艺，对于吴志高来说，可谓“熟门熟路”。早在1934年，他就在中国第一家采用接触法制造硫酸的厂家担任技术员。之后，在长达8年的国外留学工作期间，他学到了关于合成氨、硝酸等一系列无机物制备的先进技术和知识。1949年，吴志高受邀参与上海新业硫酸厂技改，他为该厂精心设计了一套非常完备的工艺流程，有力推进了硫酸生产。1958年，吴志高应邀前往上海硫酸厂，参与设计建设5万吨级硫酸生产线。后该项设计获全国优秀设计奖，并在全国广为推广。1958年，上海吴泾化工厂开始建设。吴志高又应邀参与该厂的总体设计及硫酸车间的设计指导工作。

学校成立之初，专门设置了硫酸专修科。吴志高担任主任，负责有关教学计划、教学大纲的编制并亲自为学生授课。1956年，吴志高成为全国首批招收副博士研究生的导师之一，获准招收硫酸工学专业研究生。此外，吴志高还被指定编写全国高等化工专业教材《无机物工学》硫酸分册，并担任整套《无机物工学》教材编审组副组长。

● 谋划新学科，创建科外系

改革开放后，学校决定创办科技外语系，以满足科技交流人才培养之急需。七旬高龄的吴志高，欣然接受了这项艰巨任务。

1981年5月，学校成立科技外语教研室。1982年3月，经教育部批准，科技外语系正式成立，并于当年开始招生。科技外语系的成立，开创了学校向多学科方向发展的先河。但学好外国语，对于20世纪80年代的大学生来说，并非易事。吴志高提倡“寓教于乐”，开辟“外语第二课堂”，通过开展各种丰富多彩的课余活动，如放映外文原版电影、外语教育专题片、开展外语读书活动、举行演讲比赛等，提高学生学习兴趣，收到了意想不到的效果。

吴志高特别重视外语教学的国际性交流。他邀请英籍语言专家吴玛丽（Marian Ng）来校长期讲学，开设英语精读、泛读、英国文学和英语写作等课程。这是改革开放后，学校聘请的首位外教。

招收工农预科生

根据当时我国工农业战线发展的需要，党中央要求有条件的大学都要开办预科，招收工农子弟学生。学校接受了这一光荣任务，首次从全市初中毕业生中招收了182名学生来校学习，学制2年。1958年9月，校园里迎来了这批年龄偏小的新生。之后，学校又招收了两届工农预科生，人数分别是115名和199名。1961年起，学校停招工农预科生。

▲ 1960年，第一届工农预科毕业生合影

招收工农兵学员

“文革”期间，学校先后于1969年、1970年举办石油化工专业试点班、化学肥料专业试点班，共招收本市80名学员。1972年，为贯彻落实1971年全国教育工作会议精神，学校开始面向全国招收工农兵学员，共招收326名。至1976年，学校连续招收5届工农

兵学员，共计3 437名。此外，四川分院也从1973年起，招收了4届工农兵学员，共计593名。

▲ 1974年，第一届工农兵学员毕业合影

3. 专业拓展

学校十分重视本科教育，注重围绕国家建设和人才培养需要，不断开拓新专业，培养工业建设人才。1952—1977年间，学校先后设置化学制药工学、抗生素制造工学、重有机合成工学、化学工程学、放射化工、稀有元素、辐射化学、放射化工机械、塑料工学、高分子化合物工学、石油及人造石油炼制、煤化工等30多个专业。

1952—1977 年专业设置情况

设置日期	专　业	学制
1952	无机物工学	4
1952	矽酸盐工学	4
1952	燃料化学工学	4
1952	有机合成工学	4
1952	化学生产机器与设备工学	4
1953	化学制药工学	4
1955	抗生素制造工学	5
1955	重有机合成工学	5
1957	化学工程学	5
1958	物理化学工程	5.5
1958	电化学工艺学	5
1958	稀有元素及扩散性元素	5
1958	高分子化合物工学	5
1958	石油及人造石油炼制	5
1958	石油及天然气钻井开采	5
1958	石油及天然气机械	5

设置日期	专　业	学制
1958	化工机械制造	5
1958	化工自动控制	5
1960	海水化工	5
1960	半导体材料及器件	5
1960	辐射化学	5
1960	化学	2
1960	数学	2
1960	放射化工机械	5.5
1960	塑料工学	5
1960	合成橡胶工学	5
1969	石油化工	3
1970	化肥	3
1972	玻璃	3
1972	感光材料	3
1972	煤化工	3
1972	玻璃纤维与玻璃钢	3
1973	生化制药	3

全国首创化学制药工学专业

中华人民共和国成立后，为尽快改变缺医少药的落后局面，政府开始在各地兴建各类药厂，制药工艺人才极为缺乏。为此，学校于1953年创立了国内第一个化学制药工学本科专业。

▲ 1957年，第一届化学制药工学专业毕业生合影

全国首创抗生素制造工学专业

1954年底，国家为培养抗生素生产制造的专门人才，决定将抗生素制造工学专业设在华东化工学院，并调配卫生部、轻工业部等相关专家前来支援教学工作。学校接到任务后，立即抽调化工原理教研组王承明教授出任该教研组主任，同时选调复旦大学、南京工学院食品工业系的毕业生来校工作。1955年秋，抗生素制造工学专业如期在华东化工学院创建，招收2个班，共46名新生。1956年，我国著名抗生素专家马誉澂来校任教。为加强该专业建设，学校专门新建了一栋“抗生素大楼”（现实验五楼）。1959年6月29日，该专业更名为抗菌素制造工学。

▲ 1960年，第一届抗生素制造工学专业毕业生合影

创建夜校

为配合国家建设需要，学校创办夜校，以培养相关企业的在职干部。在不脱离生产的原则下完成学业，以达到正规工科大学四年制毕业生的水平。1956年秋，学校招收无机物工学和化学制药工学两个专业，由相关企业、部门保送报考。

▲ 1961年，第一届夜校毕业生合影

全国首创化学工程学专业

1956年，全国科学大会后，南京工学院化工系主任时钧与天津大学化工系主任汪德熙、副主任汪家鼎等教授联名上书高等教育部，建议在化工系设立化学工程学专业。1957年初，高等教育部同意试办。当年暑假，天津大学和华东化工学院获准招收化学工程学专业新生。

▲ 1962年，第一届化学工程学专业毕业生合影

创办石油及人造石油炼制专业

20世纪50年代，中国的炼油工业发展缓慢，炼油厂工程技术人员不足，严重制约了炼油工业的发展。当时中国急需石油方面的专业人才，1958年，学校成立了石油及人造石油炼制专业。1988年，在石油加工专业成立30周年之际，时任上海市委书记江泽民欣然题词：人才辈出。

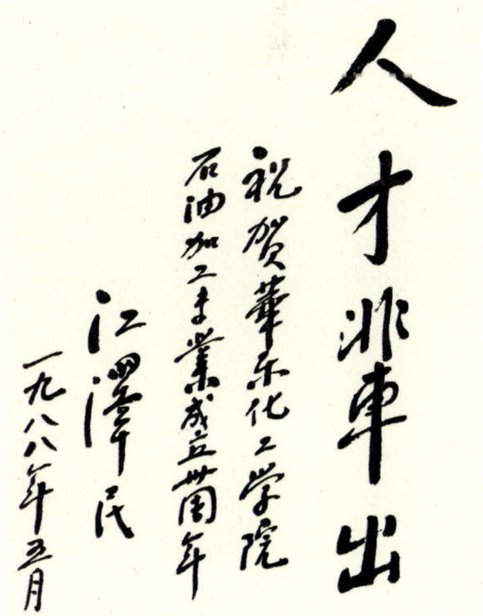

▲ 江泽民题词

成立第二无机工业系

为适应我国原子能科学日益发展的需要，加强对学校放射化工（对外称物理化学工程）专业、稀有元素及扩散性元素专业的建设，1959年，学校单独成立第二无机工业系（简称"二无"），并新建了"二无"大楼。1960年，又新增了辐射化学、放射化工机械两个专业，以及同位素分离、萃取剂、特种塑料、橡胶、纤维等的专门化。另外，学校还添置了钴-60辐射源，成立了菁染料研究室、塑料研究室和物化工程研究室等。

1964年，"二无"撤系并停止招生。五年间，共招收了1 000余名学生，他们在我国冶金、矿产、半导体、原子能等领域从事稀有元素提炼、核燃料分离、特种材料研制、辐射剂量探测、电子加速器制造、核反应堆研究等工作，为我国国防工业现代化做出了贡献：洪淳康校友担任我国最大铀矿矿长，蔡善钰校友自主设计核电池应用于"嫦娥三号"着陆器、"玉兔号"月球车，汪幼梅等校友解决了秦山核电站、核潜艇反应堆启动中子源的原材料生产国产化问题……

▲ 1965年1月，第一届放射化工专业毕业生合影

扫码观看视频

延伸阅读 第二无机工业系访谈视频

创建国内第一个感光材料专业

随着国民经济的恢复，感光材料市场需求日益扩大，但相关技术被发达国家垄断。中华人民共和国成立初期，受限于产业规模小、专业技术和人才缺乏等因素，感光材料工业体系建设困难重重。郭沫若曾专门为我国第一个电影胶片厂动工题词：“电影是艺术的机械化，它的教育功能很大，能自行制造胶片，犹如能制造火箭。”

为适应电影胶片和国防工业对感光材料生产技术的需要，1971年，学校将菁染料研究室改建成感光材料研究室，并正式建立起国内唯一一个感光材料高等教育专业。1972年，开始招收工农兵学员，学制3年。另受燃料化学工业部委托，学校开办感光材料专业技训班。1973年4月到1974年8月，该专业为第二胶片厂培训了150名工人。

▲ 1974年，感光材料专业技训班合影

全国率先设立玻璃钢专业

为适应玻璃钢工业的迅速发展，工厂、科研、设计单位迫切需要高校设置专业培养这方面的专门技术干部队伍。国家基本建设委员会在1971年全国教育工作会议上要求华东化工学院、湖北建筑工业学院和哈尔滨建筑工程学院3所高校创办玻璃纤维与玻璃钢专业。学校为筹备新专业，以原塑料研究室为主，抽调硅酸盐教研组2名教师组成玻璃纤维与玻璃钢专业教研组，隶属石油化工系。1972年5月，学校招收了第一批工农兵学员30人，学制3年。

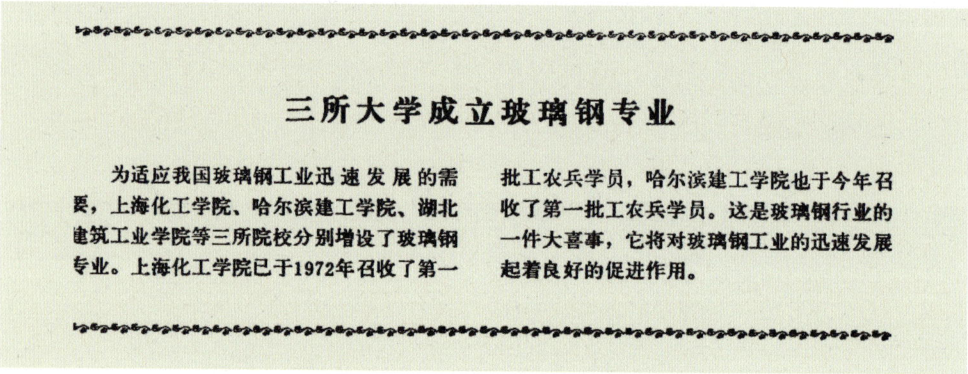

三所大学成立玻璃钢专业

为适应我国玻璃钢工业迅速发展的需要，上海化工学院、哈尔滨建工学院、湖北建筑工业学院等三所院校分别增设了玻璃钢专业。上海化工学院已于1972年召收了第一批工农兵学员，哈尔滨建工学院也于今年召收了第一批工农兵学员。这是玻璃钢行业的一件大喜事，它将对玻璃钢工业的迅速发展起着良好的促进作用。

▲ 1974年3月2日，《玻璃钢》期刊相关报道

▲ 2014年，学校荣获
“中国玻璃钢/复合材料学科创建历史贡献单位”称号

4. 科研攻关

为响应党中央、国务院“向科学进军”的号召，在国家总体科技发展规划指引下，学校围绕国家战略、经济建设和国防建设，积极创造条件，开展科学研究。1956年，学校制定《华东化工学院十二年规划（草案）（1956—1967年）》。其中，对科学研究做了全面规划。1962年起，先后成立了菁染料、塑料、物化工程、化学工程4个研究室，配备了100多名专职科学研究人员，开展攻关会战，成功研发一大批重大技术，成为当时国内相关领域的中坚。

参与研制第一部国产彩色电影正片

解放前，我国所用的感光材料全部依赖进口。中华人民共和国成立后，大力开展感光材料的研究与生产。1958年10月，上海市科学技术委员会组织有关单位进行国产彩色电影胶片的会战，学校承担了彩色胶片用增感染料的研制任务。

1959年，国家首次采用学校朱正华等教师研制的增感染料，试制了我国第一部国产彩色电影正片，拷贝的故事片《女篮五号》试映后，获得观众一致好评。接着又试制出首部国产彩色电影胶卷负片及首批彩色相纸，推动了我国感光胶片工业的快速发展。

▲《女篮五号》电影海报

人物链接　朱正华——中国感光工业的重要奠基者

朱正华

朱正华（1924.1.6—1999.5.7），江苏常州人，民盟盟员、中共党员，精细化工专家，中国感光工业的重要奠基者。1944年毕业于浙江大学化工系；1952年院系调整时，从交通大学调至华东化工学院。先后担任过学校菁染料研究室主任、有机工业系系主任、精细化工研究所所长以及华东化工学院副院长、代理院长、院长等职务。在国内率先成功研制出黑白、彩色、红外、航空胶片用增感染料和成色剂等，促进了中国染料工业、感光材料工业的发展。

● 参与研制第一部国产彩色电影正片

1958年10月，上海市科学技术委员会组织有关单位进行国产彩色电影胶片的会战，学校染料及中间体教研组承担了彩色胶片用增感染料的研制任务。朱正华等突破国外文献的束缚，提出自己的合成方法，率先成功研制出彩色多层胶卷正片用的增感染料。1959年3月，在上海感光胶片厂等协作下，国家采用朱正华等研制的增感染料，试制了我国第一部国产彩色电影正片，拷贝的故事片《女篮五号》试映后，色彩鲜艳，效果良好。10月1日，又试制出国产第一部彩色电影胶卷负片及第一批彩色相纸，推动了中国感光胶片工业的快速发展。

● 参与研制“1099”高空航摄胶片

1965年1月，学校接受国防科委和空军有关部门委托，参与“99”工程胶片研制大会战。菁染料研究室朱正华课题组承担了5个增感染料的合成及其应用研究任务。由于课题组对合成增感染料已有较长的实践和丰富的经验，他们将3种增感染料组合在一起使用，测得胶片的感色性能与“99”胶片非常相似，很快研制出了替代品。1967年2月，试制工作全部完成。1969年，在保定电影胶片厂正式投产，定名为1099胶片。朱正华领衔的"'1099'胶片用增感剂的合成与应用"项目获1978年全国科学大会奖。

• 设立全国第一个感光材料专业

学校早在1962年就成立了菁染料研究室，朱正华担任菁染料研究室主任，带领团队取得了许多成果。他们利用原有的实验室设备，自行设计、施工、安装了一台胶片生产装置——小型涂布机，可以进行彩色电影胶片的教学实验和试生产等。为了适应电影胶片和国防工业对感光材料生产技术的需要，学校于1971年将菁染料研究室改建成感光材料研究室，并建立起国内第一个感光材料高等教育专业。

• 发展化工特色、理工结合的多科性大学

1978年8月，朱正华出任华东化工学院副院长，1982年任院长。1979年，根据《1978—1985全国基础科学发展规划纲要》，他主导制定了华东化工学院的办学方针，要求把工作重点转移到教学、科研上来，尽快改变学校单科性的现状，实现按学科设立专业，逐步把学校办成理工结合的多科性大学的目标。为保持学校原来的化工特色和优势，并有所发展，他采取"以工办理，以理促工，理工结合"的措施，促进工程技术与科学的有机结合。经过几年的努力，理工结合的发展之路初见成效。

• 实行"产学研"相结合

20世纪80年代初，为贯彻国家经济振兴政策，学校在开辟大学直接为经济建设服务的新途径上，进行了一些积极的尝试。在朱正华的领导下，1982年起，学校先后与常州市、嘉定县、上海高桥石油化工总公司等签订协议，建立"教学、科研、生产联合体"，使科研与生产结合从过去单项的、不固定的协作发展到全面的、固定的协作，探索了联合体共同发展的新路子。

牵头编制我国第一个化学工程学规划

1962年，国家召开全国科学技术工作会议，研究讨论1963—1972年十年科学技术发展规划制定的有关问题。学校苏元复、朱正华等出席会议。受化学工业部委托，由华东化工学院牵头并组织实施，天津大学、北京化工研究院等单位共同负责编制化学工程学规划（史称“国重28号”——国家重大化学工程学研究五年计划项目）。

化学工程学学科组组长由时任化工部副部长侯德榜担任，常务副组长由学校副院长苏元复担任，清华大学的汪家鼎、天津大学的余国琮、化工冶金研究所的郭慕孙为副组长。其间，学校承担了大量繁杂而艰巨的工作，并启动或完成了一些重大研究项目。

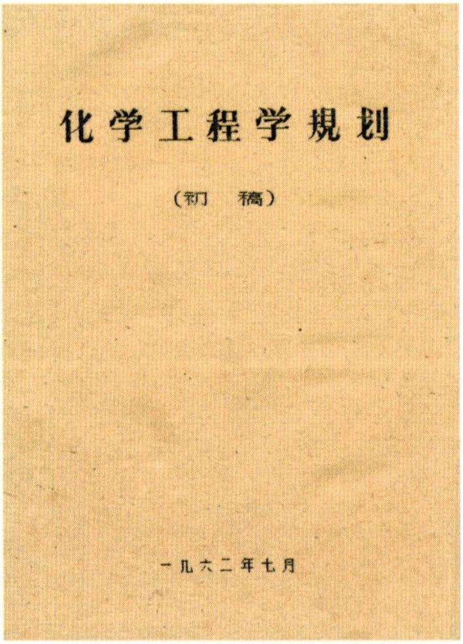

▲ 1962年7月，学校牵头编制的《化学工程学规划》初稿

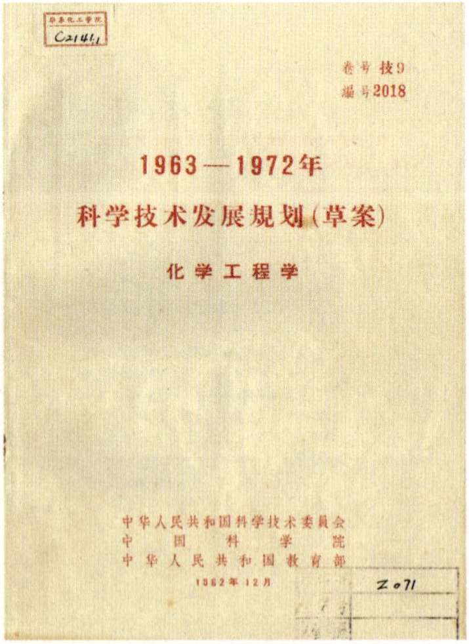

▲ 1962年12月，学校牵头编制的《1963—1972年科学技术发展规划（草案）》化学工程学部分

参与研制我国第一个反导弹防御系统

1964年，国家提出要发展我国的反导弹防御武器，开展洲际弹道导弹反导系统（“640工程”）研究。其中，110超远程精密跟踪雷达（简称“110雷达”），是640工程战略预警系统的重要组成部分。华东化工学院与其他单位共同负责110雷达玻璃钢天线罩的研制。

学校教师陶婉蓉、赵玉庭、姚希曾、林开涵等参与技术攻关。110雷达玻璃钢天线罩，直径44米，属国内首创，是世界同类装置中最大的一个，填补了我国大型地面天线罩技术空白，使我国成为世界上第3个拥有大型超远程跟踪雷达的国家。1978年，该项目获全国科学大会重大科技成果奖。

▲ 直径44米的玻璃钢天线罩

参与建设我国内地第一个核电站——秦山核电站

1970年2月8日，周恩来总理批示上海要搞核电站，由此开启了上海建设中国首座核电站（“728工程”）的光荣历程。学校与上海原子核所、上海跃龙化工厂、复旦大学等负责核电站的后处理系统工程的研究任务。

教师肖亮城担任“728工程”领导小组成员。学校专门成立“728工程”科研组，抽调曹瑾、金国樵等数十名教师集中攻关。1991年12月15日，30万千瓦核动力发电机组并网发电，结束了我国大陆无核电的历史，使我国成为当时世界上第7个能自主设计、自主建造核电站的国家。学校许多“二无”专业的校友，参加了当年秦山核电站的建设，并持续为我国核电事业的发展做出了不可磨灭的贡献。

▼ 秦山核电站

参与研制我国第一颗人造卫星

聚酰亚胺纤维被广泛应用在现代通信卫星、侦察卫星、深空探测器等表面的薄膜上，对航天器的安全起着至关重要的作用。

20世纪60年代，国家要研制人造卫星，急需高性能、耐高温纤维。学校李世瑨教授带领团队全力攻关，打破国外技术封锁，成功研制出中国的聚酰亚胺薄膜；又与上海合成纤维研究所通力合作，使用干纺工艺，共同研制出聚酰亚胺纤维，后使用在我国第一颗人造卫星上。该研究项目获1977年上海市重大科学技术成果奖、1978年全国科学大会重大科技成果奖。

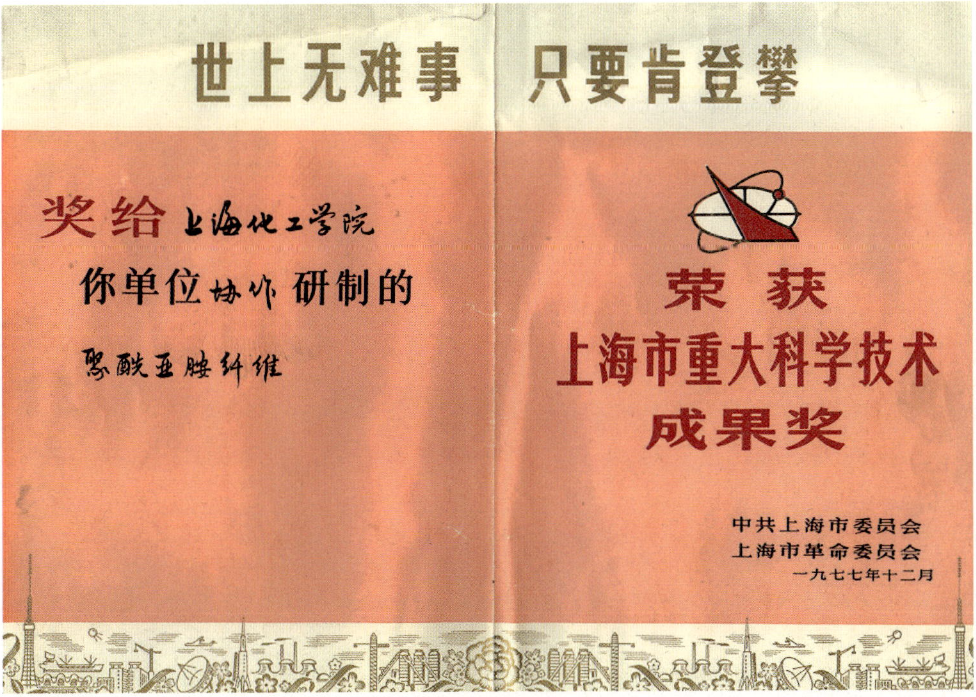

▲ 1977年，“聚酰亚胺纤维”项目获上海市重大科学技术成果奖

人物链接 李世瑨——中国聚酰亚胺薄膜第一人

李世瑨

李世瑨（1910.8.16—2000.2.20），福建闽侯人，九三学社社员，高分子科学家，中国高分子科学教育的开创人之一。1934年毕业于浙江大学，1947年留学美国。1956年主持糠醛脱羧、加氢制四氢呋喃，进而合成己二酸和己二胺制备尼龙66的研究，最早利用农业资源生产高分子产品。20世纪60年代开发了聚酰亚胺的薄膜、纤维和漆包线，在人造卫星和其他尖端技术上得到应用。

● 致力开拓中国高分子教育事业

1958年，学校设置高分子化合物工学专业；1960年，设置塑料工学专业，是国内较早创建高分子相关专业的高校之一。时任塑料工学教研室主任的李世瑨认为，要推进中国的高分子事业，首先要推进高分子教育，培养高分子人才。他领导制订专业教学大纲，编著《高分子电介质》，先后编译了《化学工业大纲（上、下册）》《原子辐射与聚合物》《聚烯烃》《耐高温聚合物》等教材。他亲自讲授高分子化学、高分子物理、工业化学、有机化学、有机合成等课程，把当时先进的高分子科学带进课堂。他讲课广征博引，妙趣横生，深受学生欢迎，被称为“Plastic（塑料）”先生。

1981年，学校成为首批工科院校高分子专业的博士点之一，李世瑨也被聘为第一届国务院学位委员会委员。

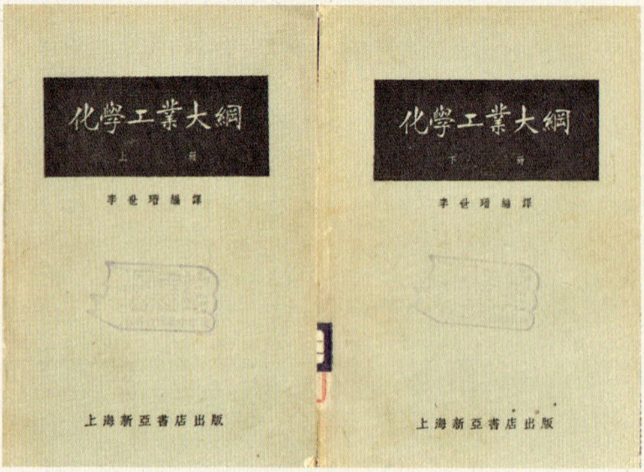

▲ 李世瑨编译的《化学工业大纲》

● 我国开发聚酰亚胺薄膜第一人

1962年，华东化工学院成立塑料研究室，李世瑨任塑料研究室主任。他带领团队全力攻关，打破国外技术封锁，成功研制出中国的聚酰亚胺薄膜。后与上海合成树脂研究所等合作，实现聚酰亚胺薄膜的工业化生产。

20世纪60年代，国家要研制人造卫星，急需高性能耐高温纤维。李世瑨带领团队，又与上海纺织科学研究院、上海合成纤维研究所通力合作，使用干纺工艺，共同研制出聚酰亚胺纤维，后使用在我国第一颗人造卫星上。1978年，该研究项目获全国科学大会重大科技成果奖。

● 率先在国内创建玻璃钢专业

早在第二次世界大战期间，玻璃纤维增强塑料就已问世。这种新颖材料在我国被称为“玻璃钢”。李世瑨密切关注着玻璃钢的发展，他领导的塑料研究室把玻璃钢作为重要研究方向之一。20世纪60年代初，塑料研究室与上海玻璃钢研究所合作，成功研制出直径44米的大型玻璃钢天线罩，受到国家嘉奖。

学校在玻璃钢领域的重要成果引起国家的重视。1972年，学校在国内最早创办了玻璃钢专业。同时，以原塑料研究室为主，组建玻璃纤维与玻璃钢专业教研组。1972年5月，招收了第一批工农兵学员。

● 走有自己特色的尼龙66研制道路

尼龙，学名聚酰胺。用尼龙制作的服装细如蚕丝，薄似蝉翼，挺括滑爽，被称为“人造丝绸”。国外制备尼龙66的工业方法是石油化工路线，但20世纪50年代中期的中国石油资源贫乏，此方法不适合国情。李世瑨作为当时“中苏合作交流项目”的领军人物之一，组建了塑料突击队，吹响了攻克尼龙66的进军号。他们深入调研，大胆提出了从农作物废弃物玉米芯出发制备尼龙66的技术路线，并在上海赛璐珞厂进行中试，实现工业化生产。

12个科研项目获全国科学大会奖

1978年3月18—31日，全国科学大会召开，学校苏元复、朱正华和孙丕恩出席了此次盛会。会上，学校共有12个科研项目、50多位教师得到了科学大会表彰和奖励。

1978年，朱正华荣获全国科学大会先进工作者称号

1978年全国科学大会获奖项目	研究人员
短纤维石棉湿纺工艺（直接干燥法）	夏明思等
轻质油品脱硫醇催化剂酞菁钴的制造与工业生产使用	朱正华等
1099胶片用增感染料的合成与应用以及1099胶片的试制	朱正华等
中麻催醒剂催醒宁的生产和工艺改革	范如霖等
聚酰亚胺纤维	吴叙勤等
低损耗钢化玻璃绝缘子成分研究	周志豪等
浓硝酸法生产硝基腐植酸肥料	王曾辉等
新型氨合成塔内件——径向氨合成塔	张成芳等
分子筛脱蜡与分子筛精制石蜡	刘馥英等
磷系水质稳定剂及其复合配方的研究	徐寿昌等
阳离子红X-6B	董黎芬等
44米大型地面玻璃钢雷达罩	姚希曾等

5. 贡献西南（“652工程”）

根据党中央关于“平战结合、加强战争观念和加强三线建设”的指示，1964年，高等教育部提出了《关于调整第一线和集中力量加强第三线建设的报告》，决定向三线地区迁建部分高等学校。1965年1月，国家决定清华大学、华东化工学院、北京大学和南京大学在内地设立分校。1965年3月8日，学校获准在四川省自贡市选址创建西南分院，代号“652工程”。

艰苦建校

分院建设由华东工业建筑设计院的工程师牵头、同济大学相关老师带队和学生共同参与，组建了一支81人的设计队伍。1965年6月1日，总平面规划图获高等教育部批准。1965年8月1日，“652工程”现场党委和现场指挥部成立，学校黄岱牲、蒋凌棫等4人任副书记，钱昌彬任副指挥长。8月15日，施工队进驻黄坡岭工地，“652工程”建设拉开了序幕。“文革”期间，工程被迫停工。1971年，国务院在北京召开全国教育工作会议，决定“652工程”继续进行。1972年，“652工程”办事处撤销，改名为上海化工学院四川分院。

积极办学

分院的干部、群众齐心协力，排除各种干扰和困难，坚守工作岗位，一边继续做好分院的各项建设工作，一边花力气抓好教学、科研、管理工作。

截至1977年7月，在学校、地方的共同努力下，共举办33期短训班，学员人数累计1 789名。与此同时，自1973年9月起，高分子、无机物、石油化工、化工机械4个专业开始招收工农兵学员。1973—1976年，分院招收了4届工农兵学员，共计593名。此外，分院自恢复建设后，还先后承担了国家、四川省、自贡市等各方面下达的科研项目共计72项，使教学实践与科学研究紧密结合、相互促进、共同发展。

停办移交

1979年7月24日，国务院、教育部正式发文，同意上海化工学院停办四川分院。由四川省利用原分院的用地、校舍，以及大部分设备、仪器、图书、资料等，以分院留川教职工和泸州化工学校为基础，新成立四川化工学院（现为四川轻化工大学）。1982年7月3日，所有移交工作全部完成，华东化工学院在西南地区的办学历史画上句号。

▲"652工程"鸟瞰

“652工程”选址考察

教学楼

实验楼

1973年，四川分院设在
成都火车站的
新生接待站

四川分院校门

▲ 1973年9月，四川分院首届学生开学典礼

▲ 1977年1月，四川分院首届学生毕业合影

扫码观看视频

延伸阅读 “652工程”访谈

華東

第三章

厚积薄发（1978—1992年）：全国综合改革试点高校

党的十一届三中全会后，学校发展进入快车道，改革创新举措如雨后春笋般不断涌现：创办上海分院、恢复华东化工学院原名、国家首批招收博士研究生、率先试点全国高校综合改革……探索了一条以育人为中心，通过体制改革促进教学改革、学科建设、科学研究、学风建设和思想建设的发展路径，为学校发展成多科性研究型大学打下了扎实基础。

国务院批准本市一批博士硕士授予学校

复旦等十一所高校今年招收博士生

本报讯　记者昨日从本市高等教育领导部门获悉：经国务院批准，本市十一所高等学校可以授予博士学位，二十一所高校可以授予硕士学位。博士学位授予学校，从今年开始将招收攻读博士学位的研究生。

有权授予博士学位的十一所学校是：复旦、同济、化工、交大、纺织、科大、师大、财经、一医、二医和中医，学科、专业点九十个，可以指导博士研究生的导师一百十七人。有权授予硕士学位的学校，除上述复旦等十一所学校外，还有机院、工大、铁道、海运、师院、外语、政法、体院、音乐学院和戏剧学院，学科、专业点为三百三十四个。

1981年，学校获准首批招收博士生——《文汇报》报道

1978年，学校与上海市化工局、卢湾区政府共同创办上海化工学院分院（图为1979年召开的新生开学典礼）

1. 多科发展

党的十一届三中全会后，学校提出“建设以化工为特色、理工结合的多科性大学”的办学目标。在已有4个系17个专业基础上，增设环境工程系、科技英语系、数理系、电子计算机系、社会科学系、管理工程系，以及应用数学、工业管理工程、图书馆情报学、马列主义基础等新专业。

▲ 1982年9月，学校党委讨论《学校“六五”计划和十年设想》

1986年，学校确定“以化工为特色，工理商文相结合，向多科性大学发展”的办学方向后，又先后增设实验室管理、工业造型设计等专业。同时，学校通过“集团性”引进人才，相继创建了应用数学研究所、理论物理研究所、化学物理研究室、经济发展研究所、文化研究所、政治学研究所等。学校还通过内部调整，成立了环境工程研究所、生化工程研究所和农用化学品研究所等，使“理工结合”有了实质性改变，并开始向“理、工、文、管（商）”和“理、工、农、医”多科性方向拓展。

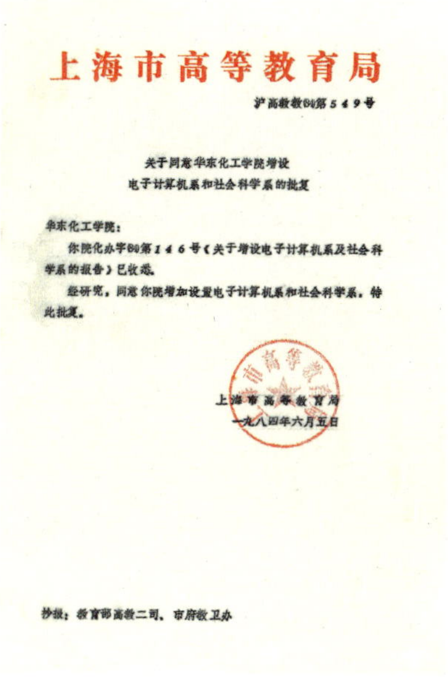

上海市高等教育局

沪高教教84第549号

关于同意华东化工学院增设
电子计算机系和社会科学系的批复

华东化工学院：

你院化办字84第146号《关于增设电子计算机系及社会科学系的报告》已收悉。

经研究，同意你院增加设置电子计算机系和社会科学系。特此批复。

上海市高等教育局
一九八四年六月五日

抄报：教育部高教二司、市府教卫办

1984年，学校成立电子计算机系和社会科学系

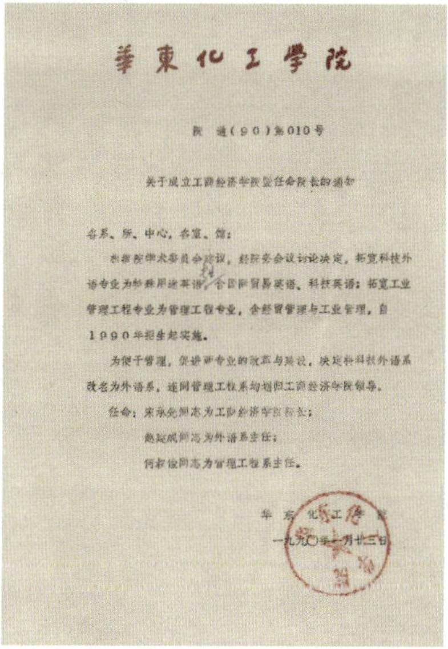

華東化工學院

院 通（90）第010号

关于成立工商经济学院暨任命院长的通知

各系、所、中心、各室、馆：

根据院学术委员会建议，经院务会议讨论决定，拓宽科技外语专业为多种用途英语，含国际贸易英语、科技英语；拓宽工业管理工程专业为管理工程专业，含经贸管理与工业管理，自1990年招生起实施。

为便于管理，促进两专业的改革与建设，决定将科技外语系改名为外语系，连同管理工程系均划归工商经济学院领导。

任命：宋承先同志为工商经济学院院长；

熊延成同志为外语系主任；

何叔俭同志为管理工程系主任。

华东化工学院
一九九〇年一月廿三日

1990年，学校成立工商经济学院

1984年9月，首届政治学专修科开学典礼

1986年，首届科技英语专业毕业生合影

1989年，首届工业造型设计专业毕业生合影

▲ 文化研究所编写的著作

2. 科研成就

在拓展专业教育领域的同时，学校面向国民经济建设主战场，以科学研究服务产业发展，先后成立了联合化学反应工程、化工环境工程、生化工程等研究所，从体制机制上推动创新发展，取得了一大批有影响力的研究成果，成绩斐然。

首获国家发明奖

国家发明奖于1963年11月设立，“文革”期间中断评选，1978年12月恢复评选。

1980年，石油化工系刘馥英教授主持研发的“水蒸汽[1]脱附的分子筛脱蜡”获国家发明三等奖。该项目先后在南京炼油厂、燕山石化（东方红炼油厂）、大庆炼油厂等建成5套用于生产轻液蜡或重液蜡的生产装置，并在20世纪70年代援助罗马尼亚和朝鲜，在这两个国家建立了两套水蒸汽脱附的分子筛脱蜡装置。

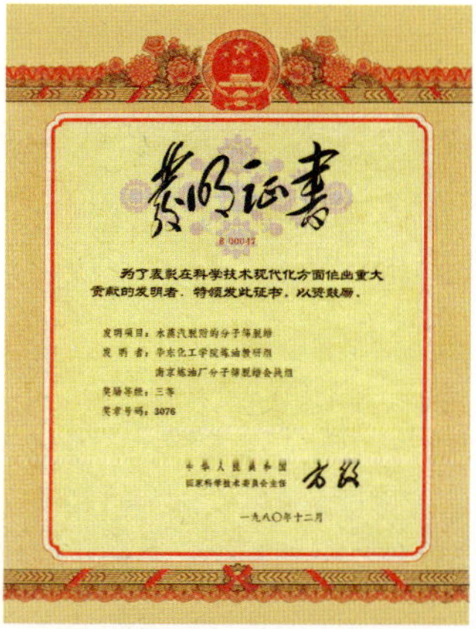
发明证书

为了表彰在科学技术现代化方面作出重大贡献的发明者，特颁发此证书，以资鼓励。

发明项目：水蒸汽脱附的分子筛脱蜡
发 明 者：华东化工学院炼油教研组
南京炼油厂分子筛脱蜡会战组
奖励等级：三等
3076

中华人民共和国
国家科学技术委员会主任 方毅

一九八〇年十二月

▲ 学校首获国家发明奖

◀ 刘馥英工作照

1 现写作“水蒸气”。

人物链接　刘馥英——能源化工领域的巾帼英雄

刘馥英

刘馥英（1912.9.12—2001.2.25），浙江奉化人，民盟盟员、中共党员。1936年毕业于浙江大学化工系；1939年获德国明斯特大学博士学位；曾先后在浙江大学和交通大学执教。1952年，院系调整时进入华东化工学院，曾担任燃料工业系、第二有机工业系、能源化工系等系主任，石油加工研究所名誉所长。长期从事煤化工、石油化工等方面的研究。

● 创建石油加工专业

20世纪50年代，中国的炼油工业发展缓慢，炼油厂工程技术人员不足，知识水平普遍不高，严重制约了炼油工业的发展。当时，学校并没有石油加工专业，但国家急需石油方面的专业人才，供需矛盾日益严重。1958年，在刘馥英的倡导下，学校成立了石油及人造石油炼制专业。

专业成立后，她为专业的建设发展付出了大量的心血。她非常重视石油加工专业和学科的发展及人才的培养。她认为学校培养的学生只有得到企业的认可才算是培养了合格的人才。为此，她经常邀请石化公司、工厂和研究所的经理、厂长、总工程师等来校共商学科的建设规划。专业成立以来，为炼油、石化企业以及科研院所培养了数千名学生，包括中国工程院院士、中石化原总裁王基铭，中国工程院院士舒兴田等。

● 成立石油加工研究所

在教书育人方面取得成绩的同时，刘馥英同样注重科学研究和成果转化。石油加工研究所的成立就是她极力主张下的结果。研究所成立后，在油品添加剂、沥青、原油深度脱盐、烃类催化加工和石油化工科技装备等方面承接了大量课题，科研水平在当时已经达到了国内领先水平。但是刘馥英认为：研究所的学术水平还需要提高，科研实力上还不具备承担国家重点项目的能力，要使学科对国家有重大贡献，要使学生培养质量得到大幅度提高，必须进一步把科研水平提上去。

• 实现水蒸汽脱蜡的产业化

20世纪60年代初期，经历了“三年困难时期”后，中国国民经济开始稳步发展，人们对于日用品的需求越来越大。其中，洗涤剂市场需求量非常大。我国当时只能用四聚丙烯作为烷基生产合成洗涤剂的主要成分——烷基苯磺酸钠，但这种洗涤剂不能生物降解，大量洗涤液泡沫流入江河，严重污染环境。为此，刘馥英主持研究和开发分子筛脱蜡技术，利用耐高温水蒸汽的5A分子筛吸附正构烷烃而不吸附异构烷烃、环烷烃和芳香烃的性能，用煤油馏分通过分子筛脱蜡制备直链正构烷烃（液体石蜡）。

从研究一开始，刘馥英就把目标投向工业化。通过不断的实验，于1969年在南京炼油厂建成和顺利投产30 000吨分子筛脱蜡装置，为国家填补了空白。

之后，又在燕山石化（东方红炼油厂）、大庆炼油厂、荆门炼油厂和林源炼油厂等各大炼油厂建成生产装置，并在20世纪70年代援助罗马尼亚和朝鲜，先后在这两个国家建立了两套水蒸汽脱附的分子筛脱蜡装置。刘馥英作为这一项目的第一完成人，获1980年国家发明三等奖。

扫码收听音频

延伸阅读　刘馥英

首获国家科学技术进步奖

国家科学技术进步奖于1984年9月设立，1985年首次颁发。

1985年，计算机系宋维端教授主持研发的“甲醇合成塔设计新方法”首获国家科学技术进步二等奖。该项目使用数学模拟设计甲醇合成塔，通过多次操作数据的反算，获得不同工况的模型参数——催化剂活性校正系数。先后为上海吴泾化工厂、湖州化工厂等设计7个甲醇合成塔，取得显著的经济效益。

证书

获奖项目：甲醇合成塔設計新方法

获奖单位：华东化工学院

奖励等级：弍 等

奖励日期：一九八五年

国家科学技术进步奖
评审委员会

▲ 学校首获国家科学技术进步奖

▲ 宋维端工作照

首获国家自然科学奖

国家自然科学奖于1956年第一次颁发，1982和1987年分别颁发第二次、第三次，后每两年颁发一次，1999年起每年颁发一次。

证书

1991年国家自然科学奖

项目名称：硫系玻璃系列研究

主要研究者：程继健 [illegible] [illegible]（华东化工学院）

奖励等级：四等

中华人民共和国
国家科学技术委员会主任
1991年12月

证书号：[illegible]

▲ 学校首获国家自然科学奖

1991年，无机材料系程继健教授主持研发的“硫系玻璃系列研究”获国家自然科学四等奖。他在国际上首次成功得到晶化率在95%以上的硫系微晶玻璃，帮助我国建立了第一条有自主产权的硫系玻璃生产线，打破西方国家对中国的禁售限制，解决了我国第三代主战坦克红外夜视系统中的关键技术，并在1999年国庆50周年阅兵式中展示。

▲ 程继健工作照

人物链接 程继健——让国产主战坦克摆脱“夜盲症”

程继健

程继健（1929.9.8—2012.4.1），江苏吴县人，中共党员。国内硫系玻璃、卤化物玻璃、溶胶-凝胶科学与工艺等科学研究领域的开拓者。1951年毕业于震旦大学化工系，1954年赴苏联列宁格勒化工学院留学，1958年获苏联技术科学副博士学位。回国后在华东化工学院任教，历任硅酸盐教研组主任、材料工程系副主任、材料科学研究所副所长、无机材料系主任、玻璃与陶瓷研究所所长等职。致力于将固体力学、量子化学、凝聚态物理等学科的理论创造性地应用于无机材料学科，在一系列重要问题上系统地发展了非晶态（玻璃）材料科学领域。

● 大力倡导厂校协作办学

1958年11月，程继健回国后被分配到华东化工学院工作，不久后开始担任硅酸盐教研组副主任。为了深入推进硅酸盐教研组的工作，他主动去拜访上海第一耐火材料厂厂长，并和该厂签订了合作协议；接着又与上海玻璃厂签订了厂校全面合作协议，协助工厂完成军工任务、解决生产问题、开展科研工作等。这些厂校协作，对培养学生的实践能力起到了积极的作用；同时，也积极为工厂委培了人才，如为上海玻璃厂委培了30多人，他们在厂里发挥了技术骨干作用。1960年4月，他撰写的一篇有关厂校协作办学的报道，受到时任上海市委书记杨西光关注，并做批示，认为这种办学方式值得推广。硅酸盐教研组荣获上海市文教战线先进集体等称号。

● 实现硫系玻璃微晶化

1979年6月，程继健作为公派访问学者，赴法国蒙彼利埃大学国家科研中心玻璃研究室进修。当时，西方发达国家正在研究非氧化玻璃的微晶化问题，但都没有取得真正的成功。通过研究实践，程继健采用锆、铪作为晶核剂，在国际上首次成功得到了晶化率在95%以上的硫系微晶玻璃。同时，锆作为去氧剂，消除了基玻璃在12.8 μm处的吸收，系国际首创。1988年，他被法国国民教育部授予“一级教授”称号，成为中国第一位受此殊荣的教授，并被邀请于1989年到波尔多第一大学访问、讲学。1990年，他被国家教委、国家科委授予全国高等学校先进科技工作者的荣誉称号。他独创的工艺帮助我国建立了第一条有自主产权的硫系玻璃生产线，打破了西方国家对中国的禁售限制，解决了我国第三代主战坦克红外夜视系统中的关键材料。利用该材料制造的热成像仪可探测30千米外的目标，基本上不受气候影响，并在1999年的庆祝中华人民共和国成立50周年阅兵式中展示。硫系玻璃系列研究项目获1990年度国家教委科技进步二等奖、国家自然科学四等奖。

● 发现能单独成玻璃的卤化物

氟化物玻璃，特别是氟锆酸盐玻璃的发现在20世纪70年代引起了玻璃学术界的重视。程继健系统地研究了二价氟化物和三价氟化物对氟锆酸盐玻璃形成的影响。他研究的多元玻璃形成系统30余个。其中，多种系统在国际上属首创。他对此类玻璃磁性性质的研究与发现也属同类研究中最早者之一。如此系统、大量的研究，为新型传感器的开发奠定了良好基础。之后，他又将研究延伸至非氟卤化物玻璃，发展了一系列以碘化铅、溴化铅为基础的新型玻璃形成系统，多声子吸收限可达20 μm。他还发现碘化铅可以单独形成玻璃，这是当时国际上已知的第三个能单独形成玻璃的卤化物。

扫码收听音频

延伸阅读 程继健

创建中国高校第一个产学研合作新型联合体

1983年4月，华东化工学院牵头，与浙江大学共同向教育部申请成立联合化学反应工程研究所（简称“联反所”）。1983年6月，经教育部批准，联反所正式成立。其后，中石化总公司、上海医药工业设计院相继加盟，创建了中国高校改革史上第一个集教育、科研、设计与生产机构共同参与的新型联合体。“联反所模式”引领改革潮流，优势凸显，成效卓著。依附于联反所的学校第一个国家重点实验室——化学工程联合国家重点实验室于1987年经国家计委和国家教委批准筹建，1991年建成开放运行。

1983年，学校召开联合化学反应研究所成立大会

联反所大型冷模装置

获准建立国家首批博士后科研流动站

1985年11月23日，经国家科委批准，学校获准建立博士后科研流动站。一级学科为化学工程与工业化学，其中包括化学工程、有机化工和精细化工3个专业，可招收博士后研究人员2名。

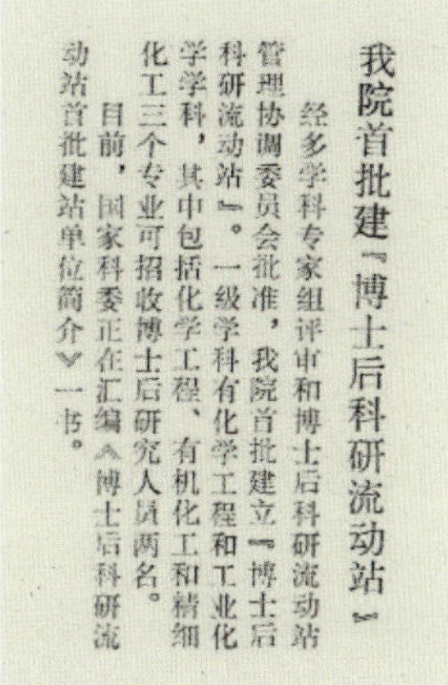

我院首批建『博士后科研流动站』

经多学科专家组评审和博士后科研流动站管理协调委员会批准，我院首批建立『博士后科研流动站』。一级学科有化学工程和工业化学学科，其中包括化学工程、有机化工和精细化工三个专业可招收博士后研究人员两名。

目前，国家科委正在汇编《博士后科研流动站首批建站单位简介》一书。

校报报道

研制我国第一台国产现代化生物反应器

生物反应过程不仅涉及活细胞或酶的控制，还包括对物理、化学环境的控制。学校早在20世纪70年代末就率先使用现代检测手段，在线检测有关过程参数，并利用计算机技术优化生物反应过程，研制了我国第一台国产现代化生物反应器——BF-Ⅱ-12型10L半自动玻璃发酵罐。

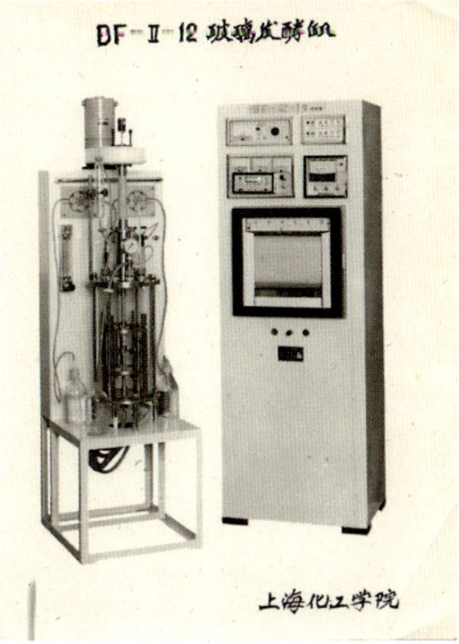

1979年研制的BF-Ⅱ-12型10L玻璃发酵罐

人物链接　俞俊棠——生化工程专业创始人

俞俊棠

俞俊棠（1929.12.30—2013.12.9），上海人，中共党员。中国生物化学工程专家。1951年于大同大学毕业后被分配到东吴大学工作。1952年，随全国高等学校院系调整来华东化工学院任教。长期从事生化工程领域的教学和科研工作，重点研究生物过程和生物反应器工程，特别是对空气过滤除菌、生物反应器的氧传递、生物反应器的设计和放大造诣颇深。首次提出压缩空气减湿以保证空气过滤器不受潮失效的机理和控制方法，并获1985年国家发明四等奖。

● 创立我国第一个生物化学工程专业

1979年初，按照建设“以化工为特色、理工结合的多科性大学”的目标，学校决定全面调整各专业设置，采取放宽专业面、加强专业基础、增强专业适应性等措施以改造现有的专业。俞俊棠时任有机化工系主任，他考虑到国内对生物技术人才的需求，以及拓宽研究领域和学科发展的需要，建议将抗菌素制造专业扩展为生物化学工程专业，与偏理的生物化学专业互相支撑。1980年，学校设立生物化学工程专业，并于当年招收新生，开创了我国现代生物化学工程学科建设的先河。

● 招收我国第一批生物化工博士

1981年，我国开始实施学位制度，学校生物化学工程专业首批获准招收硕士研究生。之后，生物化学工程系在俞俊棠的带领下，发展很快，取得了多项重大科研成果，形成了完整的学术梯队，为国家培养了100多名硕士研究生。1990年11月2日，学校获批生物化工专业博士授权点。这是国内第一个生物化工博士点，俞俊棠成为获准招收该专业博士生的第一位导师。

● 研制我国第一台国产现代化生物反应器

20世纪70年代末，俞俊棠就力主采用现代检测手段在线检测有关过程参数，并利用计算机技术优化控制反应进程。俞俊棠科研团队研制的BF-Ⅱ-12型10L半自动玻璃发酵罐，于1981年获上海市重大科技成果奖三等奖。后又研制出新型MBF-Ⅲ-10型多参数自动监控玻璃发酵罐，该套装置全部选用国产零部件和配套的检测仪，能自动检测和记录发酵过程中的温度、罐压、搅拌转速、pH、溶氧浓度、排气二氧化碳浓度和氧气浓度等11个参数，并对其中7个参数按照给定要求实现自动控制。1984年，该成果获上海市重大科技成果奖三等奖。

● 创建生物反应器工程国家重点实验室

俞俊棠积极申请世界银行贷款，于1989年6月获批创建生物反应器国家重点实验室。实验室于1991年启动建设。1994年6月27日，国家教委任命俞俊棠为生物反应器国家重点实验室首届主任，中国科学院化工冶金研究所郭慕孙为首届学术委员会主任。1996年2月1日，实验室通过验收并正式对国内外开放，同时更名为生物反应器工程国家重点实验室。这是当时我国高校中生物化工领域唯一的国家重点实验室。

● 创建国家生化工程技术研究中心

1996年，根据国家生物技术产业化研究的需要，中国科学院化工冶金研究所与华东理工大学、南京工业大学联合申请成立国家生化工程技术研究中心。11月4日，俞俊棠与核心团队一起成功建立了国家生化工程技术研究中心（上海）。该中心依托华东理工大学在生化工程技术研究领域的实力，以及工艺、工程、装备一体化的综合能力，着重解决生物技术实验室成果向产业化转化的瓶颈问题，打通上游与下游技术相结合的产业化通道，推进高新生物技术实验成果的产业化。

获首届中国科协优秀建议一等奖

1978年12月，上海宝山钢铁总厂动工兴建，而建成后预计产生的腐蚀、环保、净水问题引起了相关专家的广泛关注。其中，陆柱教授《关于宝钢引水工程的几点建议》一文，受到各级领导重视。1991年，陆柱《关于宝钢引水工程的几点建议和再建议》获中国科协首届优秀建议奖一等奖，受到江泽民、李鹏等时任党和国家领导人接见。

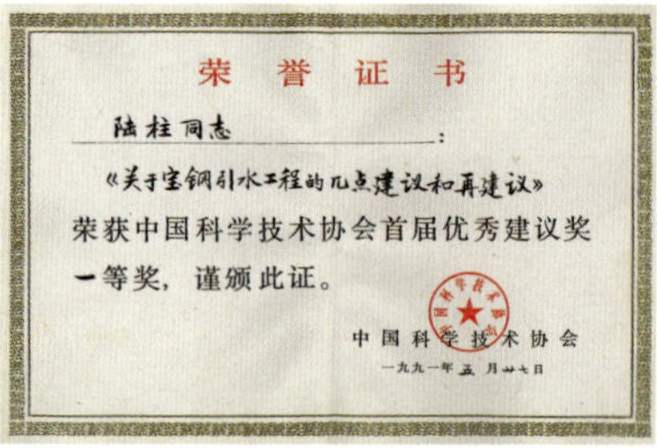
荣誉证书

陆柱同志：

《关于宝钢引水工程的几点建议和再建议》

荣获中国科学技术协会首届优秀建议奖一等奖，谨颁此证。

中国科学技术协会

一九九一年五月廿七日

1991年，陆柱荣获中国科学技术协会首届优秀建议奖一等奖

参与研制我国第一台真实孔径成像雷达系统

1986年，由学校物理系微波遥感研究室、上海声美无线电厂等联合承担的国家科技攻关项目“8mm真实孔径侧视成像雷达系统（样机）”研制成功。该样机首次在太原地区进行性能飞行试验，成功取得了该地区800平方千米的雷达图像，山脉、河湖、村镇、城乡建筑、公路等各类目标显示清晰，可广泛应用于矿产资源调查、城市规划、国防现代化等方面，是国内第一台真实孔径成像雷达系统，为我国的遥感技术填补了空白。

1986年，学校召开“8毫米真实孔径成像雷达系统”评审会

获得我国高校第一个压力容器设计许可证书

1985年6月，国家教委和劳动人事部锅炉压力容器安全监察局向学校化工机械研究室颁发了压力容器设计许可证书，这是全国高校第一个压力容器设计许可证书。自此，学校以琚定一教授为首的26名教师具有3个类型、8个品种压力容器的设计资格。1992年6月复证时，又增加了液化石油气汽车槽车的设计资格。

为增强化工机械学科的研究实力，1984年6月，学校成立化工机械研究室。1985年12月，创建了全国高校第一个化工机械研究所。琚定一、柳曾典等教授被聘为首届全国压力容器标准化技术委员会顾问，王允昌副教授担任首届全国压力容器标准化技术委员会委员。

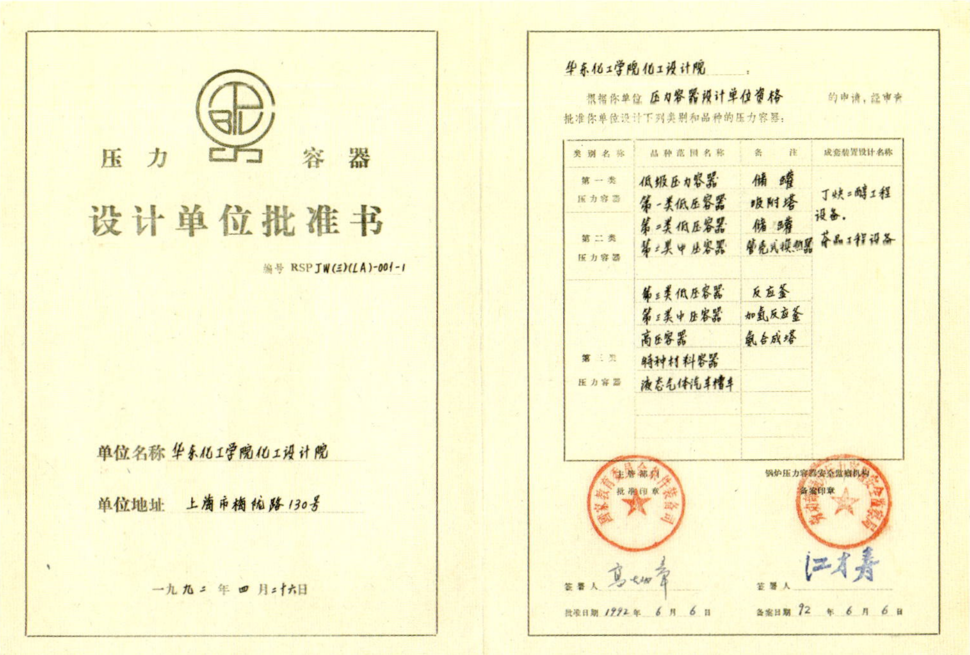

压力容器
设计单位批准书
编号 RSP JW(三)(LA)-001-1

单位名称 华东化工学院化工设计院
单位地址 上海市梅陇路130号

一九九二年四月二十六日

华东化工学院化工设计院：

根据你单位 压力容器设计单位资格 的申请，经审查批准你单位设计下列类别和品种的压力容器：

类别名称	品种范围名称	备注	成套装置设计名称
第一类压力容器	低级压力容器	储罐	丁炔二醇工程设备。 萘品工程设备
	第一类低压容器	吸附塔	
第二类压力容器	第二类低压容器	储罐	
	第二类中压容器	管壳式换热器	
第三类压力容器	第三类低压容器	反应釜	
	第三类中压容器	加氢反应釜	
	高压容器	氨合成塔	
	特种材料容器		
	液态气体汽车槽车		

主管部门批准印章
锅炉压力容器安全监察机构备案印章

签署人
签署人

批准日期 1992年6月6日
备案日期 92年6月6日

▲ 1992年，压力容器设计单位批准书

人物链接 琚定一——中国化工机械专业的开创者

琚定一

琚定一（1913.6.20—2006.1.4），江苏吴县人，九三学社社员、中共党员，化工机械专家与教育家，中国化工机械专业的开创者。1935年毕业于交通大学化学系；1940年获英国伯明翰大学石油工程系硕士学位；1941年获美国俄克拉荷马大学化工系硕士学位。曾任交通大学化学、化工系教授，大同大学兼职教授。历任化工机械系主任、机械工程系主任，化工机械研究所名誉所长。致力于化工机械及压力容器的设计、断裂与疲劳研究。

● 筹建化工机械系

建校初期，琚定一作为建校委员会委员，他担负筹建化工机械系的重任。当时，学校化学化工专业大师云集，机械专业师资严重缺乏。琚定一带头转行，同蒋慰孙、谢端绶等组建了化工机械专业教研组，并在全国广泛吸纳各种人才。1954—1957年，琚定一先后完成机械制图、力学、金属工艺、机械零件等技术基础课教研组及相关实验室的建设，并仅用5年的时间，将化工机械专业办成全国极具影响力的知名专业。其间，他积极配合学校创办化学工程专业。1958年，学校又增设化工自动控制等专业。作为全国第一批化工机械博士生导师，我国最早的10名博士生，有6名是他培养的。

● 致力于压力容器研究

1964年，琚定一、谢端绶合作翻译勃朗奈尔的《化工容器设计》，在压力容器学科的初期建设阶段发挥了重要作用。琚定一的研究开始转向断裂疲劳在压力容器上的应用这一新课题，并积极参加、主办国际会议，推动我国压力容器研究者与国际同行的交流。

作为中国压力容器学会设计委员会主任，琚定一带领团队参与制定《压力容器缺陷评定规范》。1985年1月，《压力容器缺陷评定规范

（CVDA-1984）》发布，成为断裂力学在中国十年研究成果的重大体现，在工程应用中发挥了重要作用。1985年6月，国家教委和劳动人事部向学校化工机械研究室颁发了压力容器设计许可证书，这是全国高校第一个压力容器设计许可证书。1987年，经国家教委批准，学校设立了国内第一个无损检测专业，培养无损检测专业人才。

• 提议将“化工过程机械”学科并入“动力工程及工程热物理”一级学科

1980年开始，国家逐步开展学科、专业目录调整。工科方面，拟将工程机械、纺织机械、轻工机械、冶金机械、化工过程机械等并入机械设计与制造学科。琚定一认为，化工过程机械主要处理流体物料进行动量传递过程、热量传递过程、质量传递过程或反应工程，是以压力容器和管道构建为主组成的过程装备，去掉“化工过程”的“帽子”欠妥。他与南京工业大学戴树和等人亲赴清华大学，找到动力工程及工程热物理学科评议组组长王补宣商议，最终将“化工过程机械”学科并入“动力工程及工程热物理”一级学科，既完整地保留了学科特色，又有利于与其他相关二级学科进行学术交流。

• 组建化工机械研究所

琚定一借鉴国外经验，将化机教研组改建为化工机械研究所。他提出，发挥学校特色优势，以化工过程设备为主，突出重点学科，并将研究所的英文译名定为“Research Institute of Pressure Vessels and Process Equipment”。1985年12月，琚定一创建了全国高校第一个化工机械研究所。研究所初创时期，共设断裂疲劳、材料行为、压力容器强度、数值分析4个研究室，后又增加了压力容器设计研究室。

扫码观看视频

延伸阅读　校史人物连环画——琚定一

3. 改革创新

1985年，根据《中共中央关于教育体制改革的决定》精神，学校进行全面改革。鉴于学校改革的力度和所取得的成绩，1988年10月，学校与清华大学、浙江大学被国家教委选作直属高校综合改革试点学校，探索高校深化改革的新路。

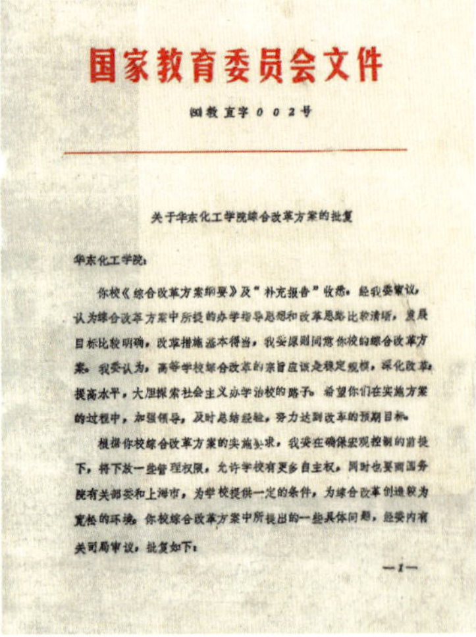

国家教育委员会文件

(88)教直字002号

关于华东化工学院综合改革方案的批复

华东化工学院：

你校《综合改革方案纲要》及"补充报告"收悉。经我委审议，认为综合改革方案中所提的办学指导思想和改革思路比较清晰，发展目标比较明确，改革措施基本得当，我委原则同意你校的综合改革方案。我委认为，高等学校综合改革的宗旨应该是稳定规模，深化改革，提高水平，大胆探索社会主义办学治校的路子。希望你们在实施方案的过程中，加强领导，及时总结经验，努力达到改革的预期目标。

根据你校综合改革方案的实施要求，我委在确保宏观控制的前提下，将下放一些管理权限，允许学校有更多自主权，同时也要商国务院有关部委和上海市，为学校提供一定的条件，为综合改革创造较为宽松的环境。你校综合改革方案中所提出的一些具体问题，经委内有关司局审议，批复如下：

—1—

▲ 批复文件

改变单一学科状况，大力调整学科结构

经过几年的学科结构调整与建设，学校逐步形成传统学科、延伸学科、新建学科3类不同学科共同发展的格局，工、理、商多科协调发展，成为以化工为特色、理工商文相结合的多科性大学。

▲ 大学物理绪论课

▲ 高等数学课

本科教育实行“两段式”

1989年，学校成立基础教育部。对一二年级实施以育人为核心的基础教育，着重培养和强化人才的综合素质；对三四年级实施专业教育，按“双向选择”原则，分流到各系、各专业。另外，对四年级实施课程教育、毕业环节和职前教育“三个覆盖一年”，培养学生综合运用理论知识解决实际问题的能力，促进学生向工作者转化。

▲ 基础教育部制定教学计划

▲ 基础教育部集体备课

▲ 化学工程系“职前教育研讨会”

▲ 基础教育部学生党支部入党审批会

开设第二课堂，增辟第二专业

学校形成以“三大节日”为核心、“七大系列”为主体的第二课堂活动，融知识性、趣味性、实践性于一体，与第一课堂教学、思想教育有机结合，并纳入教育计划，以促进学生德、智、体、美、劳的全面发展。

学校为学生开辟第二专业学习途径，培养复合型人才。设立各类奖学金，激发学生学习的积极性。

▲ 第二课堂宣传展

▲ 学生积极报名第二课堂

▲ 第二课堂实用技能类：交谊舞培训

▲ 第二课堂实用技能类：推拿按摩

▲ 第二课堂社会实践类：学农

▲ 1986年10月，首届“文化艺术节”开幕

▲ 1987年4月，首届“体育节”开幕

◀ 1987年5月，首届“思想学术节”开幕

实行学分制、选课制和教师挂牌开课制

自1986年秋季起，学校在本科生中全面实施学分制，在同一专业中探索多样化人才培养。实行选课制，不仅允许学生选读专业必修课、限制性选修课和任意性选修课，还可以选修各类大面积基础课程，给学生更多的自主权。

学校采取了任课教师挂牌开课措施，促使教师不断改革教学内容和教学方法，提高教学质量。

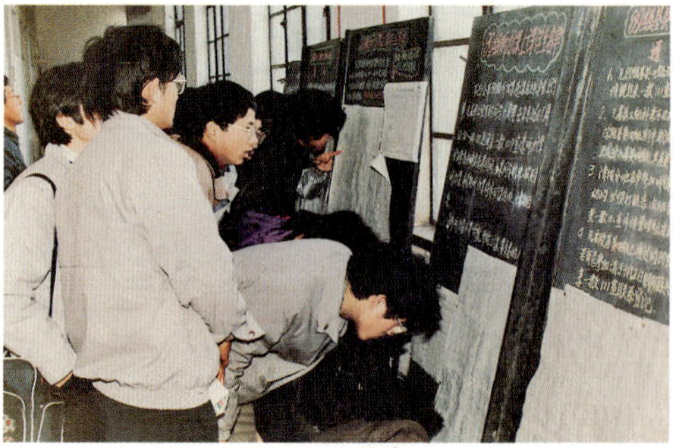

大学英语听力选课

·2· 光明日报 1987.9.14

从"挂牌"开课到双向选择

——华东化工学院进一步实行教学改革

本报记者 张贻复 本报通讯员 陈培余

工作研究

教师"挂牌"开课，学生选师听课，确实收到了"教师奋进，学生得益"之效。华东化工学院是最早实行这项改革的学校之一。两年以前，他们试行这一措施以后，使一批名牌教师纷纷登上了教学讲台，一批讲课效果好的青年教师名声大振，而一些讲课效果不佳的教师一时退下讲台。在教学津贴的分配上，也真正拉开了档次，体现了"按劳取酬"的原则。这项改革对教师职务聘任制也是一个有益的补充：除了通常的聘方、被聘方以外，加进了作为"检验"的学生一方，从而确保了"择优聘任"。教师们说，这项改革，对他们压力很大，但压力变成了动力，使他们不断长进。学生们反映，选择老师听课，他们得益非浅。

自上学期开始，华东化工学院在继续实行教师"挂牌"开课的同时，对小部分课程又试行了教师选生上课的制度，把原来只是由学生选师听课的单向选择关系，变为既由学生选师听课、又由教师选生上课的双向选择关系。看来这样做很有好处。

首先，体现了师生在权利和义务上的平等，促进了师生相互间的尊重和信任。学生既然有在听课时选择教师的权利，就应有履行尊重教师、听从教师的指导、完成教师布置的作业和认真参加考查考试等义务。倘若有些学生不能履行这些义务，又不接受劝导，教师就应有不选择这些学生听课的权利。实行双向选择后，教师对表现不好而又屡教不改的学生，就可以公开对他表示"不受欢迎"。另外，在师生双向选择过程中，可以增强相互间的信任感，彼此融洽关系，增浓尊师爱生的气氛，有利形成新型的师生关系。

其次，有利于对各类学生贯彻因材施教的原则。一般来说，每个教师都有一些独创的教学特点和方法，这些特点和方法又和不同层次的学生相适应。即使是教学效果很好、教学经验十分丰富的教师，也未必能做到使每个听课的学生都满意。例如，有些教师讲课节奏快，思维速度较慢的学生就不能适应；有些教师讲课"按部就班"，思维速度快的学生就觉得没有劲。双向选择就可以最大限度地避免这类现象。通过师生互选，使教师的讲课特点、方法和学生的听课要求相适合，从而提高了课堂效率，真正体现了因材施教的教学法原则。

第三，有利于整治学风。教师选生上课，对学风差的学生来说，无疑是会带来不小压力的。试想，如果有的课程主讲教师宣布对某某学生表示不欢迎，不选择他来听课，那么，这就意味着他不能参加考试，升级就成了问题。不受欢迎的学生当然会感到紧张了。不过一般来说，教师是不会轻易表示对某些学生不欢迎的，因为传授知识本来是教师的责任，即使某些学生一时表现差些，对教师来说，培养其"成器"也是责无旁贷的。自然，对个别屡教不改的学生，警告一下或是采用"不欢迎"的手段，也不是不可以，也许是达到教育的效果。据说就有一名学生，听了教师的警告之后立即主动作了检讨，并在行动上逐步改正了。可见双向选择不失为是整治学风中的一项措施。

▲ 1987年，《光明日报》报道学校教学改革文章

教师队伍实行聘任制和“扬长分流”

课程主讲教师由学生所在系聘任，探索教师职务聘任制试点。院系按工作需要进行聘任，先聘工作后聘职务，评聘结合；没有受聘的实行流动。1988年3月4日，学校成立人才交流中心。对教师队伍进一步实行扬长分流，即擅长教书育人者以教学为主，擅长学术研究者以科研为主，擅长开发应用者以科技服务为主，由此组合成教学、科研和科技服务3支队伍。

我院人才交流中心开张

受理各类人才自愿登记，承办各部门聘用委托

本报讯 我院人才交流中心经过开学初紧张的筹备工作，已于本月初假团结七楼109室正式对外服务。

人才交流中心是在我院深化改革，实行扬长分流的新形势下设立的实体性机构，是机关分流的一大步骤。其宗旨在积极促进各类人才的纵横流动，推动人才的校内交流、院际交流和面向社会的交流；为广大教职工充分施展自己的才能、长处提供服务，提供信息，提供机会。

人才交流中心受理院各类人才的自愿登记，同时承接各部门的合同聘用委托。中心工作人员希望全院教职工关心支持他们的事业，并为中心提供各种人才信息、技术信息、劳务信息等，共同使其真正成为我院面向社会的一个窗口（耀明）

校报报道

以“削权”和“服务”为核心的行政机关改革

根据“对处削权，对系放权，院部分权，精简机构”的原则，撤销“处—科”建制，实行“负责人—助手”结构制。精简合并成立6大办公室（院长办公室、教务长办公室、总务长办公室、学科建设办公室、科技生产办公室、监察审计室）。明确机关职能是服务与研究。

《行政机关改革方案汇编》

后勤工作逐步实现校内社会化

后勤工作以服务为宗旨，以经营为手段，实施多种形式承包责任制。实施服务对象的直接监督制，建立职工培训制度，提高后勤职工综合素质。成立后勤产业集团、生活服务总公司，建立汽车修理厂、印刷厂、洗染厂等开展社会服务，以企业化的形式进行运作管理，大力创造经济效益，充分调动后勤职工的积极性和主动性。

▲ 1987年9月14日，后勤系统召开职业道德教育学习班动员大会

依托学科大力开办科技产业

采取以学校、学科二级兴办产业的方针，依托学科优势，走科技型产业化的道路，实行“技、工、贸一体”的合作方式，主动盘活科研成果，做好转化工作，积极服务国家经济和社会发展。

1991年，学校成立了“校办产业管理委员会”和“应用科技成果管理委员会”，规范校办产业管理，激发产业活力。

▲ 华化机械摩擦材料厂

▲ 华昌聚合物公司

探索建立教学、科研、生产联合体

为推广学校科研成果，使其尽快转化为生产力，1980年代，学校先后建立20多个科技协作共同体（联合体），探索积极有效的途径服务社会，增强了办学活力，推动了事业发展。

1982年，学校与江苏常州市政府签约，建立学校第一个教学、科研、生产联合体

1984年9月16日，《人民日报》相关报道

经过几年的综合改革试点，学校的声誉和办学实力显著增强，基本实现了“以化工为特色，工、理、商、文相结合的多科性大学”的发展目标。1989年初，《中国教育报》对学校的改革经验，连续做系统报道；1992年4月，《在改革中奋起——华东化工学院综合改革纪实》一书出版，全面总结了学校综合改革取得的经验和成就。

1984年10月22日，
上海市人大代表来校考察

1986年3月28日，全国50多所高校负责人来校交流

1986年1月，
时任上海市教卫党委书记陈铁迪等来校考察

1991年4月，
时任国务委员李铁映来校考察

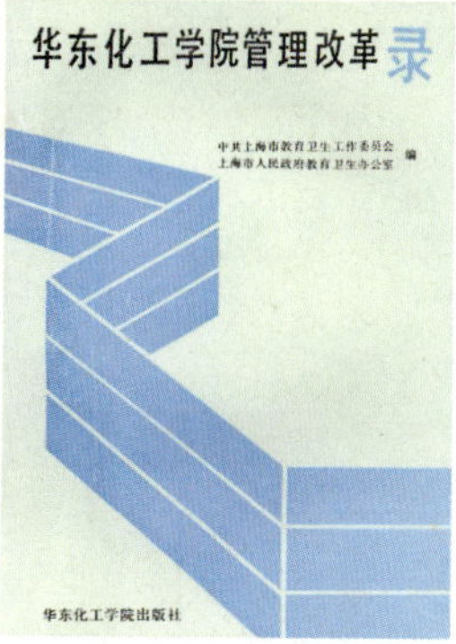

1988年，《华东化工学院管理改革录》正式出版

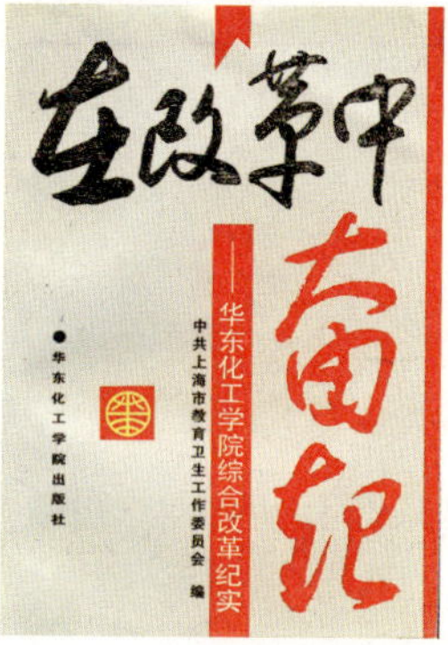

1992年，《在改革中奋起——华东化工学院综合改革纪实》出版

華東理工
華東理

第四章

奋进一流（1993年—今）：世界“双一流”建设高校

从1993年更名为华东理工大学至今，学校实现了世纪跨越：国家教委、上海市政府和中国石油化工总公司三方共建华东理工大学，开启办学新模式；进入国家“211工程”重点建设高校行列；成立研究生院；建设奉贤新校区；人文社会一级学科博士学位授权点实现零的突破；入选国家“双一流”建设高校行列。步入新时代，华理人以敢为天下先的魄力，向着创建中国特色世界一流大学的目标奋力前进，努力为中华民族伟大复兴和教育强国建设贡献智慧与力量，用奋斗和梦想谱写新的篇章。

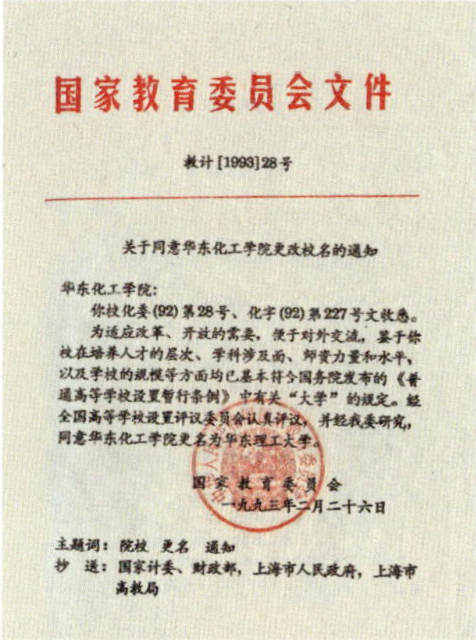
国家教育委员会文件

教计[1993]28号

关于同意华东化工学院更改校名的通知

华东化工学院：

你校化委(92)第28号、化字(92)第227号文收悉。

为适应改革、开放的需要，便于对外交流，鉴于你校在培养人才的层次、学科涉及面、师资力量和水平，以及学校的规模等方面均已基本符合国务院发布的《普通高等学校设置暂行条例》中有关“大学”的规定。经全国高等学校设置评议委员会认真评议，并经我委研究，同意华东化工学院更名为华东理工大学。

国家教育委员会

一九九三年二月二十六日

主题词：院校 更名 通知

抄 送：国家计委、财政部，上海市人民政府，上海市高教局

▲ 1993年2月，学校更名批复

◀ 1993年10月，学校举行更名揭牌仪式

1. 上海石化高专并入

1995年12月4日，国家教育委员会与中国石油化工总公司签约，决定共建、共管华东理工大学，利用上海石油化工高等专科学校与华东理工大学的办学资源和条件，在金山共建华东理工大学石油化工学院。1996年6月23日，上海石油化工高等专科学校纳入学校建制，更名华东理工大学石油化工学院。2000年11月30日，石油化工学院实质性并入学校，成立金山校区。

2007年8月15日，金山校区转制，学校成立华东理工大学国家大学科技园——金山科技园，2008年1月8日正式对外挂牌。[1]

▲ 1995年12月4日，国家教育委员会与中国石油化工总公司签约，共建华东理工大学

1 2022年，金山校区无偿划转至上海电子信息职业技术学院，上海健康医学院（徐汇校区）无偿划转至学校。

石油化工学院大门

金山校区大门

金山校区校园风景

金山校区图书馆

金山校区蓝湖

金山校区招待所

2. 建设奉贤新校区

在“科教兴市”战略指引下，学校抢抓机遇、积极谋划，得到教育部、上海市委市政府的高度重视和大力支持。2002年11月，学校新校区选址奉贤。2003年12月，教育部批复同意学校在奉贤海湾旅游度假区北侧征地1 544亩，建设新校区。新校区总体建设方案由上海现代建筑设计（集团）有限公司设计，于2005年11月10日开工。2007年夏，一期工程建设基本完成。2007年7月16—17日，奉贤校区启用，2006级学生（含金山校区学生）率先迁入。8月29日，时任上海市委书记习近平同志来校调研考察，关心指导学校发展和奉贤校区建设情况。

2002年11月27日，
时任校领导赴奉贤区
考察校址

2004年4月8日，
奉贤校区土地征用签约仪式举行

2005年6月20日，华东理工大学奉贤校区下桩定界

2007年7月17日，奉贤校区启用——徐汇校区2006级学生搬迁至奉贤校区

2007年9月22日，学校举行2007级本科新生开学典礼

3. 学科建设

学校不断优化学科布局，由单科性学院逐步向多科性大学、研究型大学拓展。1996年，学校进入国家“211工程”重点建设行列；2008年10月，“煤的清洁高效利用与石油化工关键技术”列入国家“985工程优势学科创新平台”项目建设；2017年9月，化学、材料科学与工程、化学工程与技术3个学科入选国家“双一流”学科建设名单；2018年3月，学校入选教育部首批“新工科”研究与实践项目；2022年，学校再次入选第二轮国家“双一流”建设高校。

▲ 1996年，学校进入国家“211工程”建设行列

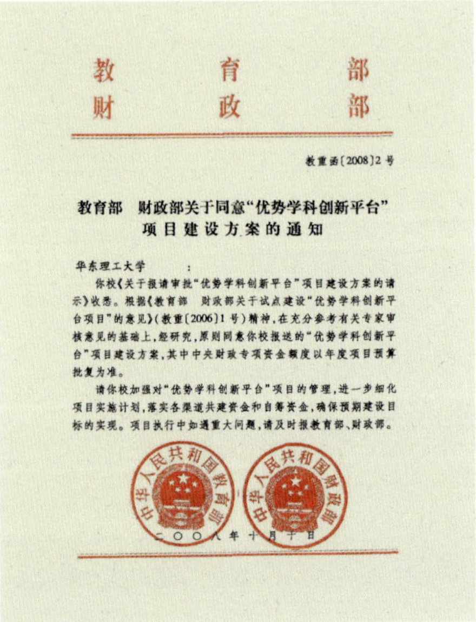
教　　育　　部
财　　政　　部

教重函〔2008〕2号

教育部　财政部关于同意“优势学科创新平台”项目建设方案的通知

华东理工大学　　　：

你校《关于报请审批“优势学科创新平台”项目建设方案的请示》收悉。根据《教育部　财政部关于试点建设“优势学科创新平台项目”的意见》（教重〔2006〕1号）精神，在充分参考有关专家审核意见的基础上，经研究，原则同意你校报送的“优势学科创新平台”项目建设方案，其中中央财政专项资金额度以年度项目预算批复为准。

请你校加强对“优势学科创新平台”项目的管理，进一步细化项目实施计划，落实各渠道共建资金和自筹资金，确保预期建设目标的实现。项目执行中如遇重大问题，请及时报教育部、财政部。

二〇〇八年十月十日

▲ 2008年10月，学校获准建设“985优势学科创新平台”

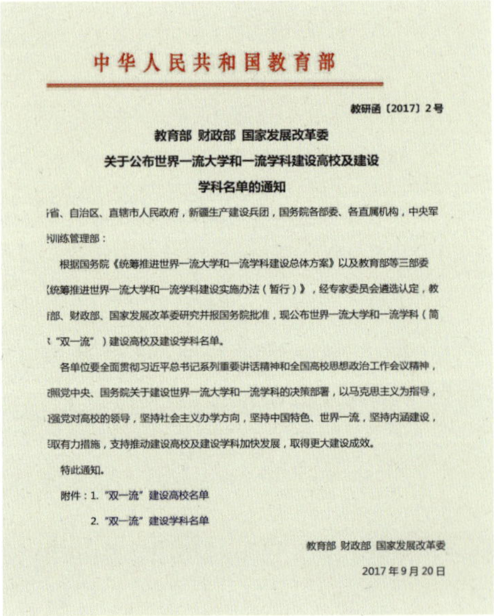
中华人民共和国教育部

教研函〔2017〕2号

教育部 财政部 国家发展改革委
关于公布世界一流大学和一流学科建设高校及建设学科名单的通知

省、自治区、直辖市人民政府，新疆生产建设兵团，国务院各部委、各直属机构，中央军训练管理部：

根据国务院《统筹推进世界一流大学和一流学科建设总体方案》以及教育部等三部委统筹推进世界一流大学和一流学科建设实施办法（暂行）》，经专家委员会遴选认定，教部、财政部、国家发展改革委研究并报国务院批准，现公布世界一流大学和一流学科（简“双一流”）建设高校及建设学科名单。

各单位要全面贯彻习近平总书记系列重要讲话精神和全国高校思想政治工作会议精神，照党中央、国务院关于建设世界一流大学和一流学科的决策部署，以马克思主义为指导，强党对高校的领导，坚持社会主义办学方向，坚持中国特色、世界一流，坚持内涵建设，取有力措施，支持推动建设高校及建设学科加快发展，取得更大建设成效。

特此通知。

附件：1.“双一流”建设高校名单

2.“双一流”建设学科名单

教育部 财政部 国家发展改革委

2017年9月20日

▲ 2017年、2022年，学校两次入选国家“双一流”建设名单

学科布局

学校积极对标国家战略部署，以优势特色学科为基础，促进传统学科与新兴学科、优势学科与交叉学科、人文社科与理工学科融合发展。加大数学、物理等基础学科建设力度，在碳中和、人工智能、集成电路、电子化学品等“卡脖子”技术所需学科上进行布局。截至2023年，学校共有17个专业学院，学科设置涵盖理、工、农、医、经、管、文、法、艺术、哲学、教育、交叉等12个学科门类。有本科招生专业67个，一级学科硕士学位授权点31个，硕士专业学位授权点17个；一级学科博士学位授权点18个，博士专业学位授权点5个；博士后科研流动站16个。拥有国家重点学科8个、上海市重点学科10个、上海高校一流学科7个。

世界一流建设学科（3个）
化　学
材料科学与工程
化学工程与技术

国家重点（培育）学科（8个）	
国家重点学科	化学工程与技术（一级）：化学工程、应用化学、生物化工、化学工艺、工业催化（二级） 化工过程机械（二级） 控制理论与控制工程（二级）
国家重点学科（培育）	材料学（二级）

上海市重点学科（10个）	
材料学	农药学
化工过程机械	社会学
控制理论与控制工程	化学工程
发酵工程	生物化工
环境工程	应用化学

进入ESI全球前1%学科

化学、工程学、生物学与生物化学、材料科学、药理学与毒理学、农业科学、计算机科学、环境科学与生态学、临床医学、一般社会科学10个学科进入ESI全球前1%学科。其中，化学、工程学进入全球前1‰学科。

4. 教育教学

学校牢牢把握“立德树人”的根本任务，坚持工程教育特色，实施多样化人才培养模式，推进教育教学改革、学分制建设和创新教育，构建人才培养质量监控体系，培养卓越拔尖人才。

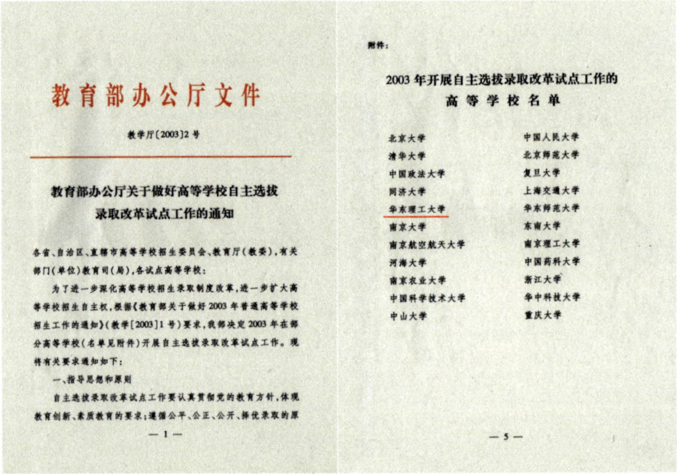

教育部办公厅文件

教学厅〔2003〕2号

教育部办公厅关于做好高等学校自主选拔录取改革试点工作的通知

各省、自治区、直辖市高等学校招生委员会、教育厅（教委），有关部门（单位）教育司（局），各试点高等学校：

为了进一步深化高等学校招生录取制度改革，进一步扩大高等学校招生自主权，根据《教育部关于做好2003年普通高等学校招生工作的通知》（教学[2003]1号）要求，我部决定2003年在部分高等学校（名单见附件）开展自主选拔录取改革试点工作。现将有关要求通知如下：

一、指导思想和原则

自主选拔录取改革试点工作要认真贯彻党的教育方针，体现教育创新、素质教育的要求；遵循公平、公正、公开、择优录取的原

— 1 —

附件：

2003年开展自主选拔录取改革试点工作的高等学校名单

北京大学	中国人民大学
清华大学	北京师范大学
中国政法大学	复旦大学
同济大学	上海交通大学
华东理工大学	华东师范大学
南京大学	东南大学
南京航空航天大学	南京理工大学
河海大学	中国药科大学
南京农业大学	浙江大学
中国科学技术大学	华中科技大学
中山大学	重庆大学

— 5 —

2003年2月，学校成为全国首批22所实施自主招生改革试点的高校

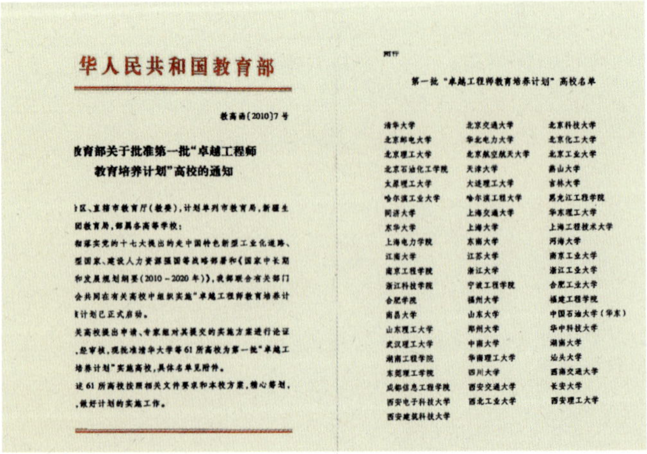

华人民共和国教育部

教高函〔2010〕7号

教育部关于批准第一批“卓越工程师教育培养计划”高校的通知

区、直辖市教育厅（教委），计划单列市教育局，新疆生团教育局，部属各高等学校：

彻落实党的十七大提出的走中国特色新型工业化道路、型国家、建设人力资源强国等战略部署和《国家中长期和发展规划纲要（2010－2020年）》，我部联合有关部门会共同在有关高校中组织实施“卓越工程师教育培养计计划已正式启动。

关高校提出申请、专家组对其提交的实施方案进行论证，经审核，现批准清华大学等61所高校为第一批“卓越工培养计划”实施高校，具体名单见附件。

述61所高校按照相关文件要求和本校方案，精心筹划，，做好计划的实施工作。

附件

第一批“卓越工程师教育培养计划”高校名单

清华大学	北京交通大学	北京科技大学
北京邮电大学	华北电力大学	北京化工大学
北京理工大学	北京航空航天大学	北京工业大学
北京石油化工学院	天津大学	燕山大学
太原理工大学	大连理工大学	吉林大学
哈尔滨工业大学	哈尔滨工程大学	黑龙江工程学院
同济大学	上海交通大学	华东理工大学
东华大学	上海大学	上海工程技术大学
上海电力学院	东南大学	河海大学
江南大学	江苏大学	南京工业大学
南京工程学院	浙江大学	浙江工业大学
浙江科技学院	宁波工程学院	合肥工业大学
合肥学院	福州大学	福建工程学院
南昌大学	山东大学	中国石油大学（华东）
山东理工大学	郑州大学	华中科技大学
武汉理工大学	中南大学	湖南大学
湖南工程学院	华南理工大学	汕头大学
东莞理工学院	四川大学	西南交通大学
成都信息工程学院	西安交通大学	长安大学
西安电子科技大学	西北工业大学	西安理工大学
西安建筑科技大学		

2010年6月，学校入选国家第一批“卓越工程师教育培养计划”高校

专业建设

学校立足于国家建设和经济社会发展的人才需求，按照强化特色、培育优势、扶持新兴、优化结构的思路，积极做好专业布局和内涵建设。截至2023年，拥有国家级特色专业12个，国家级一流本科专业建设点41个，上海市级一流本科专业建设点6个，卓越工程师教育培养计划专业7个。

“化学工程与工艺”是中国大陆高校首个通过ABET认证的专业，“化学”是中国大陆高校首个通过中俄联合国际理科专业认证的专业，商学院全部专业通过了国际精英商学院协会（AACSB）商科教育认证，19个专业通过教育部工程教育专业认证。

国家级特色专业建设点名单（12个）

序号	专业名称	序号	专业名称
1	应用化学	7	社会工作
2	过程装备与控制工程	8	自动化
3	化学工程与工艺	9	环境工程
4	制药工程	10	信息管理与信息系统
5	高分子材料与工程	11	新能源材料与器件
6	生物工程	12	资源循环科学与工程

国家级一流本科专业建设点名单（41个）

所在学院	专业名称	获批年度
化工学院	化学工程与工艺	2019
化工学院	资源循环科学与工程	2019
化工学院	油气储运工程	2020
化工学院	轻化工程	2021

续表

所在学院	专业名称	获批年度
化学与分子工程学院	应用化学	2019
化学与分子工程学院	化学	2021
生物工程学院	生物工程	2019
生物工程学院	生物技术	2020
生物工程学院	食品科学与工程	2020
生物工程学院	生物科学	2021
药学院	制药工程	2019
药学院	药学	2019
材料科学与工程学院	无机非金属材料工程	2019
材料科学与工程学院	高分子材料与工程	2019
材料科学与工程学院	复合材料与工程	2020
材料科学与工程学院	新能源材料与器件	2021
信息科学与工程学院	自动化	2019
信息科学与工程学院	计算机科学与技术	2019
信息科学与工程学院	信息工程	2020
信息科学与工程学院	软件工程	2021
机械与动力工程学院	过程装备与控制工程	2019
机械与动力工程学院	机械设计制造及其自动化	2020
资源与环境工程学院	能源与动力工程	2019
资源与环境工程学院	环境工程	2019
数学学院	数学与应用数学	2020
物理学院	应用物理学	2021
商学院	信息管理与信息系统	2019
商学院	工商管理	2020

续表

所在学院	专业名称	获批年度
商学院	物流管理	2020
商学院	金融学	2021
商学院	国际经济与贸易	2021
商学院	工程管理	2021
商学院	市场营销	2021
商学院	会计学	2021
社会与公共管理学院	社会工作	2019
社会与公共管理学院	社会学	2020
社会与公共管理学院	公共事业管理	2020
社会与公共管理学院	行政管理	2021
艺术设计与传媒学院	工业设计	2021
艺术设计与传媒学院	数字媒体艺术	2021
外国语学院	英语	2021

注：各学院同年度以教育部公布的专业名单为序。

实验教学

学校注重学生实践能力培养，积极倡导绿色工程理念，强化实验安全教育，提高绿色环保意识，规范实践教学标准，加强创新能力培养，运用虚拟仿真技术和人工智能技术，探索新型技术赋能，推进“新工科”“新文科”建设。

序号	国家级实验教学示范中心（2个）
1	工科化学实验教学中心
2	材料实验教学中心

序号	国家级虚拟仿真实验教学中心（2个）
1	石油和化工过程控制工程虚拟仿真实验教学中心
2	化学化工虚拟仿真实验教学中心

序号	国家级工程实践教育中心（5个）
1	河南天方药业股份有限公司—华东理工大学国家工程实践教育中心
2	上海森松压力容器有限公司—华东理工大学国家工程实践教育中心
3	上海医药集团股份有限公司—华东理工大学国家工程实践教育中心
4	上海自动化仪表股份有限公司—华东理工大学国家工程实践教育中心
5	中国石化上海石油化工股份有限公司—华东理工大学国家工程实践教育中心

教学团队

教学团队是教学质量的根本保障和工作基础，学校以高水平教学团队建设为抓手，实施名师培育计划，建立教学能力培训基地，完善教学管理制度，强化教学能力培养，促进教学经验传承，提高育人能力水平。

序号	国家级教学团队（4个）
1	化学工程与工艺专业教学团队
2	物理化学教学团队
3	过程装备与控制工程综合化课程教学团队
4	管理信息系统课群教学团队

序号	全国黄大年式教学团队（2个）
1	工科化学系列课程创新教育团队
2	石油化工智能制造教师团队

教学成果

开展高等教育国家级教学成果奖励活动是国家实施科教兴国战略和人才强国战略的重要举措。1994年3月，国务院发布了《教学成果奖励条例》，确定教学成果奖和国家科技成果奖励一样，同为国家级的奖励，是教育教学研究和实践领域的最高奖。按照《教学成果奖励条例》，国家级教学成果奖分为特等奖、一等奖、二等奖，每4年评审一次。学校共获32项国家级教学成果奖。

国家级教学成果奖一览表（32项）

年份	获奖名称	成果名称
1993	高校优秀教学成果国家级二等奖	加强大学基础教育、发挥“教书育人”整体功能
1993	高校优秀教学成果国家级二等奖	马克思主义理论课有效育人的新模式
1993	高校优秀教学成果国家级二等奖	深化电教改革、取得显著教育效益
1997	国家级教学成果二等奖	建设有工科特色的物理化学课程
1997	国家级教学成果二等奖	厚基础、宽口径、跨世纪人才的培养
2001	国家级教学成果一等奖	面向21世纪工科化学系列课程改革的研究与实践
2001	国家级教学成果一等奖	化工类专业人才培养方案及教学内容体系改革的研究与实践
2001	国家级教学成果二等奖	《现代基础化学》教材
2001	国家级教学成果二等奖	工科基础课程化工类系列CAI课件的研究与开发
2005	国家级教学成果一等奖	高等化学资源共建共享平台
2005	国家级教学成果一等奖	化工类专业创新人才培养模式、教学内容、教学方法和教学技术改革的研究与实施
2005	国家级教学成果二等奖	《物理化学》课程的改革与创新实践

续表

年份	获 奖 名 称	成 果 名 称
2005	国家级教学成果二等奖	21世纪初生物工程人才培养体系的探索与实践
2005	国家级教学成果二等奖	新世纪初的计算机基础教学研究与实践
2009	国家级教学成果一等奖	化工类多元化和国际化研究生教育创新体系的构建
2009	国家级教学成果二等奖	强化化工本科生实践能力培养的改革与实践
2009	国家级教学成果二等奖	大学生计算机实践和创新能力培养改革与实践
2009	国家级教学成果二等奖	传承创新，建设高水平《化学工程与工艺》专业
2009	国家级教学成果二等奖	综合化工程教育模式的探索与实践——过程装备与控制工程专业的改革与创新
2009	国家级教学成果二等奖	学研互动的大化工实验教学改革与实践
2014	国家级教学成果二等奖	构建国际实质等效的化工专业认证体系，提升化工高等教育国际竞争力
2014	国家级教学成果二等奖	远程教育工科专业在线实验教学模式的研究与实践
2018	国家级教学成果一等奖	规范引导、协同育人、均衡发展的中国化工高等教育综合改革研究与实践
2018	国家级教学成果二等奖	以ABET认证为契机，构建具有国际竞争力的化工卓越人才培养体系
2022	国家级教学成果一等奖（研究生）	以需为引、以新为矢、以质为核，过程工业自动化高层次人才培养的探索与实践
2022	国家级教学成果二等奖（本科）	绿色工程理念引领的工程教育新体系构建与实践

注：2022年，另有4项合作项目获高等教育（本科）国家级教学成果奖，2项合作项目获高等教育（研究生）国家级教学成果奖。

5. 研究生教育

研究生教育是国民教育的重要组成部分，肩负着高层次人才培养和创新创造的重要使命。学校始终坚持对照一流标准，突出创新能力培养，不断改革管理体制，持续优化运行机制，全面提升管理效能，走出了一条结构规模优化、培育特色鲜明、综合实力突出、服务需求有力的研究生教育之路。

成立研究生院

学校的研究生工作最初归属科研处管理。1984年5月，学校成立研究生处；1988年8月，成立研究生院（筹）办公室（后曾改为研究生教学管理岗）。2000年6月，学校试办研究生院；2004年6月，正式获准成立研究生院。

▲ 2004年6月，时任上海市副市长严隽琪等为研究生院成立揭牌

1999年4月，学校举行研究生楼落成仪式

招收工程硕士

1997年11月24日，学校化学工程、制药工程两个领域获准招收工程硕士。2001年8月，学校召开首届工程硕士培养工作研讨会，研讨、总结、开拓校企合作培养工程硕士的新模式。

▲ 2001年8月，学校召开首届工程硕士培养工作研讨会

招收专业学位博士

为深化博士生教育领域综合改革，积极促进学位与研究生教育结构的调整和优化，大力培养适应社会主义现代化需要的高层次应用型专门人才，2022年，学校开始在材料与化工、电子信息、生物与医药、资源与环境等4个工程博士专业领域招收专业学位博士，围绕“以需为引，以新为矢，以质为核”培育“华理特色”卓越工程领军人才。

▲ 2022年9月28日，学校举行首届专业学位博士研究生新生座谈会

成立卓越工程师学院

2023年6月18日，学校举行卓越工程师学院成立大会，依托学校优势科技力量，服务国家重大战略需求和战略性新兴产业发展，聚焦集成电路、生物医药、人工智能、先进材料、绿色能源、高端装备6大重点领域，联合行业龙头企业，深化工程硕博士培养体系改革，探索创新型卓越工程人才培养的新范式。

▲ 2023年6月18日，卓越工程师学院揭牌

入选全国优秀博士学位论文情况

年 份	作 者	专 业	导 师
1999	周兴贵	化学工程	袁渭康
2000	姜建文	化学工程	胡英
2001	朱为宏	应用化学	田禾
2006	王巧纯	应用化学	陈孔常
2008	曲大辉	应用化学	田禾

入选全国优秀博士学位论文提名奖情况

年　份	作　者	专　业	导　师
2003	刘幽燕	化学工程	胡英
2003	周炜星	化学工艺	于遵宏
2005	轩福贞	化工过程机械	李培宁
2009	江正兵	生物化工	魏东芝
2010	郁惠蕾	生物化工	许建和
2010	马骧	应用化学	田禾
2010	苏二正	发酵工程	魏东芝
2011	杨洪伟	化工过程机械	栾伟玲
2011	宁志军	应用化学	田禾
2012	蔡春华	材料学	林嘉平
2012	白志山	化工过程机械	涂善东
2012	郭志前	应用化学	朱为宏
2013	庄小东	先进材料与制备技术	陈彧
2013	曾铁强	制药工程与技术	宋恭华
2013	程探宇	药物化学	徐玉芳

注：该评选自1999年开始（提名论文从2003年开始评选），2013年以后不再开展。

全国研究生教育成果奖

年份	获奖等级	成 果 名 称
2016	二等奖	标准建设，深改推动，质量监督——化学工程专业学位研究生培养体系构建与实效
2018	二等奖	基于提升工程类专业学位研究生实践能力的教育综合改革与实践

注：该教育成果奖于2014年设立，每两年评选一次。

6. 科技创新

学校始终坚持扎根中国大地，以国家科技政策为导向，以服务行业和区域经济为立足点，以重大重点项目为龙头，以体制机制创新为保障，服务国家需求，瞄准世界科技前沿，在加强基础科学研究，深化国际交流合作，促进科技成果转化、科研平台建设，提升科技育人成果、哲社资政能力等方面取得了显著成绩。

学校拥有国家重点实验室2个、全国重点实验室4个、国家技术创新中心1个、国家工程（技术）研究中心3个、教育部前沿科学中心1个、教育部集成攻关大平台1个、国家自然科学基金委基础科学中心2个、省部级重点科研基地40个、省部级人文社科智库（基地）5个。

国家级科研基地
生物反应器工程国家重点实验室
化学工程联合国家重点实验室
工业控制技术全国重点实验室
煤液化气化及高效低碳利用全国重点实验室
绿色化工与工业催化全国重点实验室
化学品安全控制全国重点实验室
国家流程制造智能调控技术创新中心
国家生化工程技术研究中心(上海)
国家盐湖资源综合利用工程技术研究中心
超细粉末国家工程研究中心
国家医用生物材料动员中心
国家技术转移中心
国家大学科技园

国家自然科学基金委基础科学中心
物质转化制造过程智能优化调控机制基础科学中心
抗骨衰老的生物材料与技术基础科学中心

国家自然科学基金委创新研究群体
界面光电分析化学基础研究创新研究群体
无机纳米生物材料创新研究群体
细胞代谢监测与调控创新研究群体
高温结构的损伤断裂与安全创新研究群体

教育部科研平台
材料生物学与动态化学前沿科学中心
上海生物制造产业省部共建协同创新中心
氢能绿色制造与利用关键核心技术集成攻关大平台

首批建立国家技术转移中心

国家技术转移中心是相关高等学校组织和整合科技资源的机构。学校于1998年在全国高校中率先成立了高新技术成果转化中心，系统开展体系架构与制度建设，积极探索技术转移的新模式与新机制，在全国高校中引起了广泛的关注。

2001年，华东理工大学、清华大学、上海交通大学、西安交通大学、华中科技大学、四川大学6所高校的技术转移机构，首批被认定建立国家技术转移中心。2008年，学校被国家科技部认定为首批“国家技术转移示范机构”。2012年，在全国首批成立高校国际技术转移中心。

▲ 首批国家技术转移示范机构

获得我国首届“中国农村发展研究奖”专著奖

2004年12月18日，首届“中国农村发展研究奖”颁奖大会在人民大会堂举行，评选出著作奖7部，论文奖16篇。社会学院曹锦清教授专著《黄河边的中国》获专著奖。

《黄河边的中国》是一部关于中国当代社会的实证考察著作。记录了正在转型中的中原乡村社会，涉及农村、农民、农业、农民负担、收支、土地承包责任制、计划生育等诸多方面。自2000年出版以来，连续再版10余次，已成为当代中国社会调查报告类长销的经典名作，被称为“中国内地农村的百科全书”。

2000年出版的《黄河边的中国》

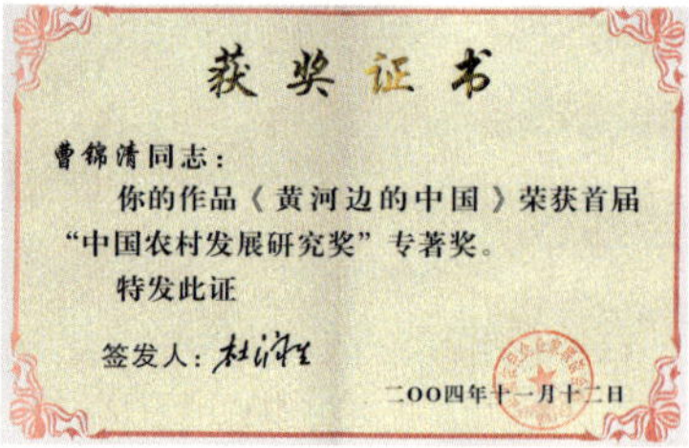

获奖证书

曹锦清同志：

你的作品《黄河边的中国》荣获首届“中国农村发展研究奖”专著奖。

特发此证

签发人：杜润生

二〇〇四年十一月十二日

2004年，《黄河边的中国》获首届“中国农村发展研究奖”专著奖

研制我国第一个“全国文明城市测评体系”

由城市管理学院鲍宗豪教授主持的中央文明办重点课题“全国文明城市测评体系”研究成果，被中央采纳使用，于2005年在全国各大城市全面推广，为城市精神文明建设提供了一套比较科学合理的量化标准。

用指标丈量文明

——鲍宗豪教授解读“全国文明城市测评体系”

刘文波

新世纪论坛

全国文明城市、城区的创建评比活动正在

答：城市是社会文明进步的标志，是文明的传播基地，是培育人类素质的主要场所。我们国家整个经济社会发展，主要是通过城市来实现的。文明城市建设是建设小康社会、全面推进社会主义现代化建设的最有效的动力和载体。

我觉着，中国创建文明城市的历史深层意义还在于：城市不仅仅是地理学、生态学、政治学、经济学意义上的一个单位，还是人类文明的一部分，是文明人类的生息地。19、20世纪世界城市化、现代化推进，主要以物质文市。文明城市称号，是反映城市整体文明水平的综合性荣誉称号。

文明城市的创建和推进，必须有一整套全面、系统、科学的评估指标来评价。上海华夏社会发展研究院在中央文明委、上海文明办的指导下，用了3年多的时间，研制了文明城市测评体系。该体系整合了国家28个部委的各种各样对城市评价的权威指标，集中了全国精神文明创建实践工作者的智慧、集中了国家统计局每年发布的一些权威的数据。

形成指标后，我们移植了工程科学中的

2005年6月2日，《人民日报》报道“全国文明城市测评体系”

成为全球首个同时掌握水煤浆和粉煤加压气化技术的研究机构

2005年，洁净煤技术研究所研发的“多喷嘴对置式水煤浆气化示范装置”在山东省兖矿集团一次性成功投料，标志着我国第一次拥有具有自主知识产权的大型煤气化技术和配套装备，改变了中国大型煤气化技术完全依赖进口的局面。

2008年，学校与世界最大的炼油企业集团、世界500强之一的美国瓦莱罗（Valero）能源公司签约，专利实施许可费上亿元，这是当时中国高校获得的最高海外技术许可费用的项目，也是中国大型化工成套技术第一次向发达国家实施技术转移。

2016年4月18日，“单喷嘴冷壁式粉煤加压气化技术关键装备开发及应用”获得了上海科学技术奖有史以来的第一个技术发明奖特等奖。

上海市科学技术奖
证　书
为表彰上海市技术发明奖获得者，特颁发此证书。
项目名称：单喷嘴冷壁式粉煤加压气化技术关键装备开发及应用
获 奖 者：华东理工大学
奖励等级：特等奖
上海市人民政府
2015年11月27日
证书号：20153001-0-D01

▲ 2016年，学校荣获上海市第一个技术发明奖特等奖

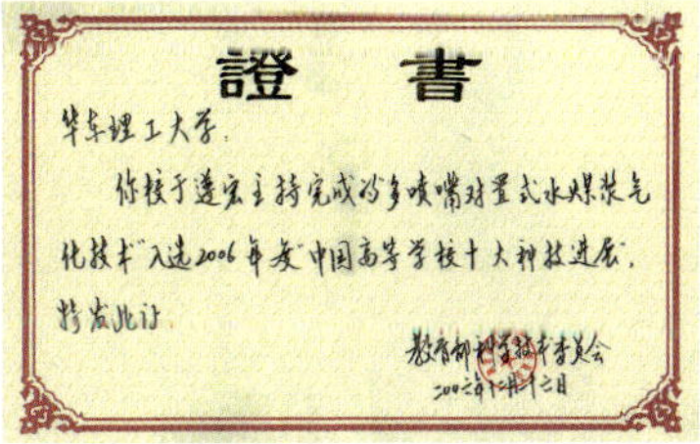
證　書
华东理工大学：
你校于遵宏主持完成的“多喷嘴对置式水煤浆气化技术”入选2006年度“中国高等学校十大科技进展”，
特发此证。

▲ 2006年，学校入选中国高等学校十大科技进展

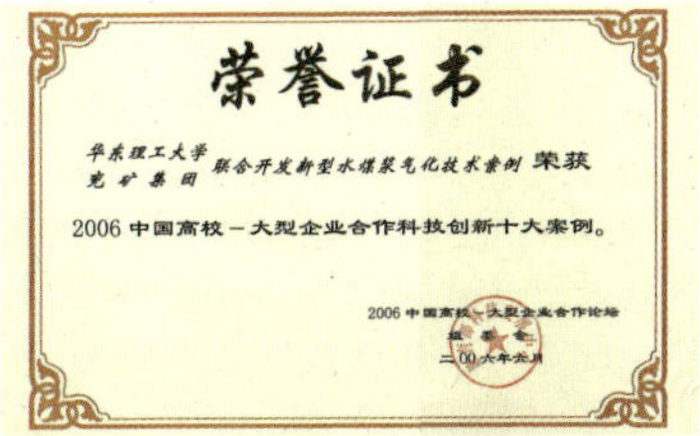
荣誉证书
华东理工大学
兖矿集团
联合开发新型水煤浆气化技术案例 荣获
2006中国高校—大型企业合作科技创新十大案例。
2006中国高校—大型企业合作论坛
组委会
二00六年六月

▲ 2006年，学校荣获中国高校-大型企业合作科技创新十大案例

人物链接　于遵宏——开发出中国自己的大型煤气化技术

于遵宏

于遵宏（1936.5.31—2008.6.25），山东青岛人。1960年，毕业于华东化工学院无机物工学专业，历任华东化工学院化学工程系主任、化学工程学科主任、学校教务长、洁净煤技术研究所所长、资源与环境工程学院院长。长期从事渣油气化、水煤浆气化、天然气转化过程工艺与装备的研究，在国内首次建立了天然气蒸汽转化炉辐射传热的数学模型，提出了描述气流床气化过程的区域模型以及系统的气流床煤气化过程的开发研究方法，填补了国内该研究方向的空白。

• 蒸汽转化炉的探索研究

20世纪70年代，以于遵宏为首的烃类蒸汽转化教研组将霍特尔（Hottel）提出的区域法辐射传热从立方体的应用推导到任意轴距、任意径距比的圆柱体及环柱体的直接交换面积，建立了在方箱炉、圆筒炉中应用区域法计算辐射传热的数学模型，并应用于烃类蒸汽转化炉、乙烷及轻柴油裂解炉。在此基础上，于遵宏等继续进行“烃类蒸汽转化炉的设计与剖析技术”的研究，开发了蒙特卡洛法计算转化炉的三维空间温度分布，建立了整个蒸汽转化炉、管式加热炉的完整数学模型。该模型可根据炉子结构、生产工况，计算温度和压力等随管长变化的分布情况。这一技术在国内居于领先地位，对消化30万吨合成氨装置的引进技术做出了贡献，获上海市1982年重大科技成果三等奖、1985年上海市科技进步三等奖。

• 创建洁净煤技术研究所

1995年，在于遵宏等的建议下，学校成立了洁净煤技术研究所。为提高科研水平，需要投入大量资金购买仪器设备，于遵宏将个人所得的100多万元科研奖金，以及筹措到的各项资金悉数用于实验室建设上，配备了齐全而先进的精密实验仪器和设备。

● 改写中国煤气化技术进口历史

一直以来，大型煤气化技术被跨国公司垄断。年过半百的于遵宏立下了一个宏愿："一定要开发出中国自己的大型煤气化技术！"1996年10月，国家计委把"多喷嘴水煤浆气化技术"列为"九五"攻关课题和"863计划"。学校与山东兖矿鲁南化肥厂联合承担了这一重大科技攻关项目。历经4年的奋力攻关，日处理原煤22吨的"四喷嘴对置式水煤浆气化炉"中试装置于2000年12月通过国家验收，成为我国煤气化技术进入国际行列的一个里程碑。

2005年7月21日，中国第一台日处理1 000吨煤的多喷嘴对置式水煤浆气化炉一次投料成功。从这一天起，我国真正拥有了具有自主知识产权的大型煤气化技术和配套工程，大型煤气化技术完全依赖进口的历史被改写。

● 相信汗水哲学

2008年，于遵宏不幸因病去世。在他的笔记本里，有这么一段话：

作为党员，本人极为平凡，所幸在党和人民的培育下，在世界观上打下了为人民服务的烙印，当然是很肤浅的。我追求在教书育人与科学研究这片狭小的领域中，经过细心耕耘能有点滴建树。时间不足是实现这一夙愿的巨大矛盾，我的做法是：1. 扩大工作时间的可行域，尽可能把节假日、星期天的时间用上去；2.降低生活要求，也就是说在事业与生活的选择上，我对前者更有兴趣；3. 凡工作需要而身体亦能支持得住时，减少睡眠时间；4. 持之以恒，二十多年如一日。以上都是笨办法，并不足取。就个人而论，我还是相信汗水哲学的。

扫码收听音频

延伸阅读　于遵宏

创立教育部第一个行业技术转移联盟

2005年，学校发起创立了教育部第一个行业技术转移联盟——“石油化工技术转移联盟”，清华大学、天津大学、北京化工大学等16所部属高校和教育部科技发展中心、上海市科委、上海华谊集团等成为第一批“联盟”单位。自此，石油化工行业自主创新、技术转移和产业化实现“一站式”服务。

教育部和上海市依托学校还分别建立了全国科技成果推广信息平台“石油化工成果推广频道”和上海研发公共服务平台“上海能源化工技术转移服务平台”。联盟的成立和“频道”及“平台”的建设，不仅促进石油化工领域产学研紧密结合，加速科技成果转化，而且进一步扩大了学校在全国的影响。

▲ 2005年11月24日，
石油化工行业产学研合作洽谈会暨石油化工技术转移联盟成立大会举行

建立汶川地震第一支专业社工服务队

2008年“5·12”汶川地震后，社会与公共管理学院立即与上海市民政局商议利用社工专业力量，组队赴四川开展援助计划。6月25日，学校派出专业社工服务队，在都江堰最大的灾民安置点“勤俭人家”设立华东理工大学社会工作服务站，11批队员、100余名师生开展长达9个月的驻地服务，不仅得到百姓的热烈欢迎和当地政府的好评，还受到时任国务院总理温家宝、时任上海市政协主席冯国勤等领导的接见和肯定。

▲ 2008年6月25日，学校派出专业社工服务队出征四川灾区

注册我国第一个海水养殖动物活疫苗

我国的海水鱼类养殖已经进入了工业化集约养殖的阶段，病害威胁是产业发展的瓶颈。高效疫苗的应用是控制细菌性病害的有效策略。2015年6月，由生物工程学院张元兴教授团队牵头研发的“大菱鲆迟钝爱德华氏菌活疫苗（EIBAV1株）”获得国家一类新兽药注册证书，这是我国注册的第一个海水养殖动物活疫苗，也是国际上首个获得政府许可的针对迟钝爱德华氏菌的鱼用疫苗。“鲆鲽鱼类爱德华氏菌病活疫苗创制技术”被评为“2019年农业农村部十大新技术”。

2019年4月，生物工程学院研发的“大菱鲆鳗弧菌基因工程活疫苗（MVAV6203株）”再次获得国家一类新兽药注册证书，也是国际上首例被行政许可的海水鱼类弧菌病基因工程活疫苗，这标志着我国水产疫苗研发的综合技术水平已跻身国际前列。

中华人民共和国
新兽药注册证书
证号：（2015）新兽药证字30号

新兽药名称：大菱鲆迟钝爱德华氏菌活疫苗（EIBAV1株）
注册分类：一类
研制单位：华东理工大学、浙江诺倍威生物技术有限公司、广东永顺生物制药股份有限公司、上海纬胜海洋生物科技有限公司

根据《兽药管理条例》，该兽药符合规定，准予注册，特发此证。

发证日期：二〇一五年六月二十四日

2015年，“大菱鲆迟钝爱德华氏菌活疫苗（EIBAV1株）”获国家一类新兽药注册证书

中华人民共和国
新兽药注册证书
证号：（2019）新兽药证字15号

新兽药名称：大菱鲆鳗弧菌基因工程活疫苗（MVAV6203株）
注册分类：一类
研制单位：华东理工大学、上海浩思海洋生物科技有限公司

根据《兽药管理条例》，该兽药符合规定，准予注册，特发此证。

发证日期：二〇一九年四月四日

2019年，“大菱鲆鳗弧菌基因工程活疫苗（MVAV6203株）”获国家一类新兽药注册证书

建立诺贝尔奖得主联合研究机构

2017年10月22日，学校成立“费林加诺贝尔奖科学家联合研究中心”。该中心以2016年诺贝尔化学奖获得者伯纳德·费林加教授命名，旨在通过化学、材料、能源、生物、计算化学、纳米技术、分子工程等多学科相互交叉，打造具有重要影响力的国际化科研平台、科技队伍以及人才培养高地，引领相关基础学科前沿发展。

▲ 2017年10月22日，
学校举行“费林加诺贝尔奖科学家联合研究中心”揭牌仪式

2019年9月22日，以2016年诺贝尔经济学奖获得者、哈佛大学奥利弗·哈特教授名字命名的“奥利弗·哈特合同与治理研究中心”在校揭牌成立。该中心将联合奥利弗·哈特教授以及上海交通大学、复旦大学和华东师范大学多位经济学界专家学者的力量，以“合同与治理”为主要研究特色，努力建成具有国际水平的新型智库，服务上海“五个中心”建设和国家经济社会发展。

▲ 2019年9月22日，学校成立“奥利弗·哈特合同与治理研究中心”

入选首批国家知识产权示范高校

2020年10月，学校被国家知识产权局、教育部认定为首批国家知识产权示范高校（全国30家）。

▲ 首批国家知识产权示范高校

入选首批高校专业化国家技术转移机构建设试点

2021年10月，学校入选首批高校专业化国家技术转移机构建设试点名单（全国20家）。

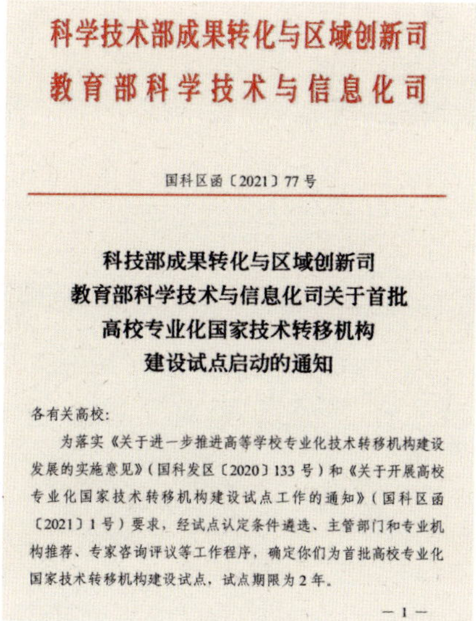

科学技术部成果转化与区域创新司
教育部科学技术与信息化司

国科区函〔2021〕77号

科技部成果转化与区域创新司教育部科学技术与信息化司关于首批高校专业化国家技术转移机构建设试点启动的通知

各有关高校：

为落实《关于进一步推进高等学校专业化技术转移机构建设发展的实施意见》（国科发区〔2020〕133号）和《关于开展高校专业化国家技术转移机构建设试点工作的通知》（国科区函〔2021〕1号）要求，经试点认定条件遴选、主管部门和专业机构推荐、专家咨询评议等工作程序，确定你们为首批高校专业化国家技术转移机构建设试点，试点期限为2年。

— 1 —

▲ 批文

获批首个上海高校牵头的国家自然科学基金委基础科学中心项目

2019年，由钱锋教授牵头的“物质转化制造过程智能优化调控机制”基础科学中心项目，获得国家自然科学基金委员会批准。这是国家自然科学基金委员会自2016年试点资助基础科学中心项目以来，上海高校牵头的首个基础科学中心项目。

2022年9月，由刘昌胜教授牵头的“抗骨衰老的生物材料与技术”基础科学中心项目，获得国家自然科学基金委员会批准。

▲ 2019年8月3日，国家自然科学基金委专家组来校考察“物质转化制造过程智能优化调控机制”项目

▲ 2022年8月29日，国家自然科学基金委专家组来校考察“抗骨衰老的生物材料与技术”项目

成立碳中和未来技术学院

2021年9月12日，聚焦国家“碳达峰、碳中和”战略目标，学校组建成立碳中和未来技术学院，旨在加快培养低碳行业专业人才，持续推进能源化工领域科技创新。

▲ 2021年9月12日，碳中和未来技术学院成立揭牌

成立集成电路材料系

2021年11月6日，学校成立集成电路材料系，与华谊集团等单位签署协议，并聘任了集成电路材料专业的首批企业导师，探索新型专业建设和人才培养路径。

▶ 2021年11月6日，学校成立集成电路材料系

创建上海电子化学品创新研究院

2021年12月15日，上海电子化学品创新研究院成立。时任上海市副市长张为出席会议，并为上海电子化学品创新研究院揭牌。华东理工大学作为上海电子化学品创新研究院的承建单位和上海电子化学品创新联合体的秘书长单位，将聚焦战略性基础研究创新、关键技术开发、急需专业技术人才培养、专业化标准化品质表征和管控平台建设等，积极构建“政-产-学-研-用”协同创新路径，着力突破电子化学品的基础研究和“卡脖子”关键核心技术，打造电子化学品科技创新策源地和发展高地，为助力上海科创中心建设和高水平科技自立自强、推动我国集成电路产业高质量发展做出新的更大的贡献。

▲ 2021年12月15日，上海电子化学品创新研究院成立暨签约仪式举行

首次以第一通讯单位在《自然》（*Nature*）期刊上发表论文

2022年4月，国际权威学术期刊《自然》报道了学校朱为宏教授、田禾院士等基于动态化学构筑共价有机框架材料研究取得的突破性进展。这是学校首次以第一通讯单位在《自然》杂志发表学术研究论文。

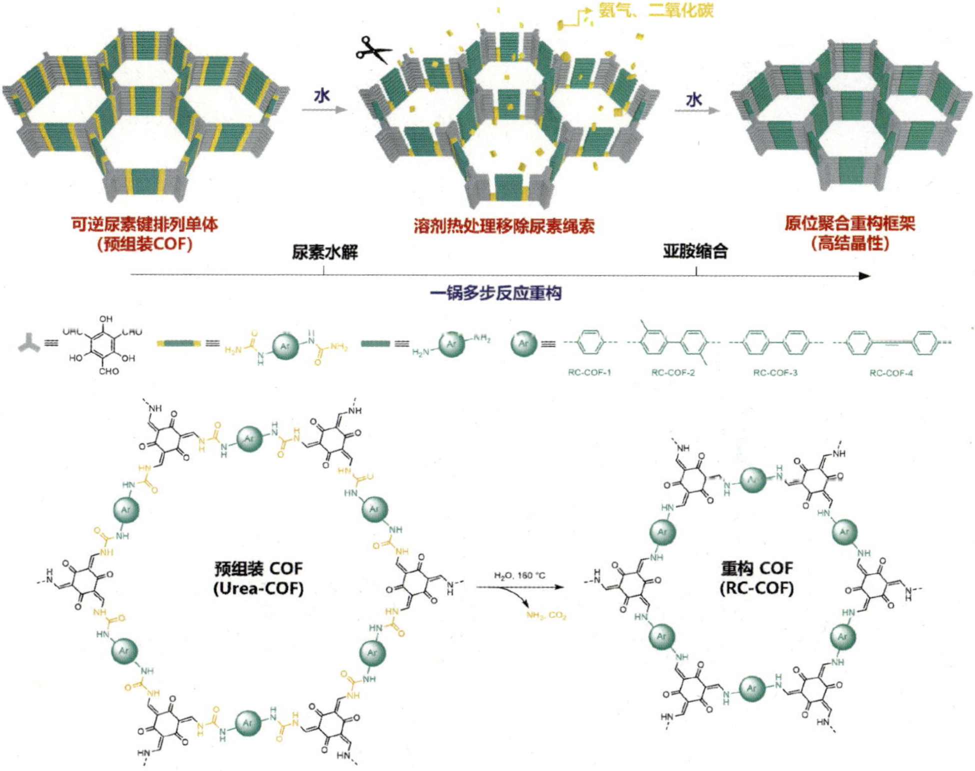

▲ 框架重构：基于纳米限域反应和动态共价键，构筑兼具高结晶性和高稳定性的COF材料新策略

获批建设第一个流程制造领域国家技术创新中心

2022年12月30日，由学校牵头组建的国家流程制造智能调控技术创新中心获科技部批复，成为上海市首个牵头建设的领域类国家技术创新中心。该中心是我国流程制造领域第一个国家技术创新中心。中心聚焦突破流程制造智能调控共性核心技术、基础性和前沿引领性技术及自主可控工业软件，以实现重大基础研究成果产业化为目标，推动创新链、产业链、资金链、人才链深度融合，成为我国流程制造智能调控技术及其工业软件领域的国家战略科技力量。

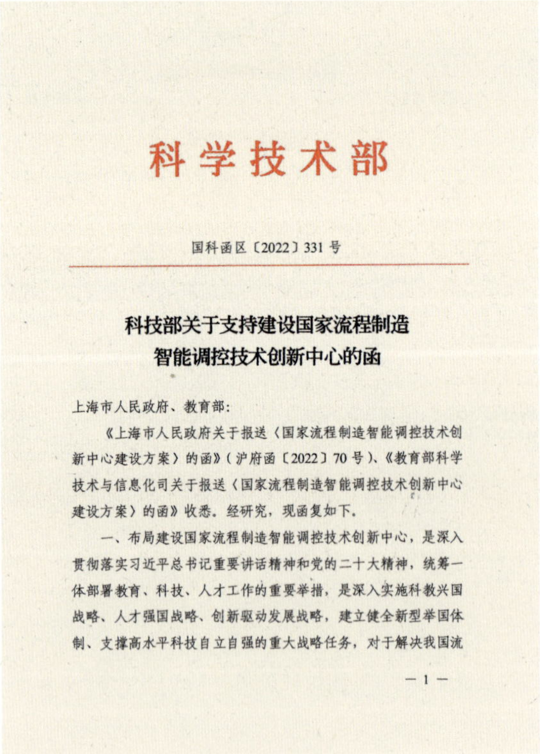

科学技术部

国科函区〔2022〕331号

科技部关于支持建设国家流程制造智能调控技术创新中心的函

上海市人民政府、教育部：

《上海市人民政府关于报送〈国家流程制造智能调控技术创新中心建设方案〉的函》（沪府函〔2022〕70号）、《教育部科学技术与信息化司关于报送〈国家流程制造智能调控技术创新中心建设方案〉的函》收悉。经研究，现函复如下。

一、布局建设国家流程制造智能调控技术创新中心，是深入贯彻落实习近平总书记重要讲话精神和党的二十大精神，统筹一体部署教育、科技、人才工作的重要举措，是深入实施科教兴国战略、人才强国战略、创新驱动发展战略，建立健全新型举国体制、支撑高水平科技自立自强的重大战略任务，对于解决我国流

— 1 —

▲ 2022年12月30日，
学校获批建设国家流程制造智能调控技术创新中心

建设“氢能绿色制造与利用关键核心技术”集成攻关大平台

2023年4月7日，学校举行教育部“氢能绿色制造与利用关键核心技术”集成攻关大平台建设启动会。学校将以大平台的建设为契机，加快完善围绕“双碳”目标的高层次工程人才培养，持续推进能源化工领域科技创新，着力形成全链条、全要素、全过程的技术创新体系，加快打造“氢能绿色制造与利用”国家战略科技力量和高端人才培养高地，为我国低碳转型发展提供人才保障、专业支撑和技术储备。

▲ 2023年4月7日，
学校举行“氢能绿色制造与利用关键核心技术”集成攻关大平台建设启动会

首次以第一通讯单位在《科学》（Science）期刊上发表论文

2023年4月28日，国际顶级学术期刊《科学》在线报道了吴永真教授、朱为宏教授团队与合作者在有机空穴传输材料领域的最新研究成果。这是学校首次以第一通讯单位在《科学》期刊上发表研究性论文。

HOME > SCIENCE > VOL. 380, NO. 6643 > MINIMIZING BURIED INTERFACIAL DEFECTS FOR EFFICIENT INVERTED PEROVSKITE SOLAR...

RESEARCH ARTICLE | SOLAR CELLS

Minimizing buried interfacial defects for efficient inverted perovskite solar cells

SHUO ZHANG, FANGYUAN YE, XIAOYU WANG, RUI CHEN, HUIDONG ZHANG, LIQING ZHAN, XIANYUAN JIANG, YAWEN LI, XIAOYU JI, SHUAIJUN LIU, MIAOJIE YU, FURONG YU, YILIN ZHANG, RUIHAN WU, ZONGHAO LIU, ZHIJUN NING, DIETER NEHER, LIYUAN HAN, YUZE LIN, HE TIAN, WEI CHEN, MARTIN STOLTERFOHT, LIJUN ZHANG, WEI-HONG ZHU, AND YONGZHEN WU fewer Authors Info & Affiliations

SCIENCE • 27 Apr 2023 • Vol 380, Issue 6643 • pp. 404-409 • DOI: 10.1126/science.adg3755

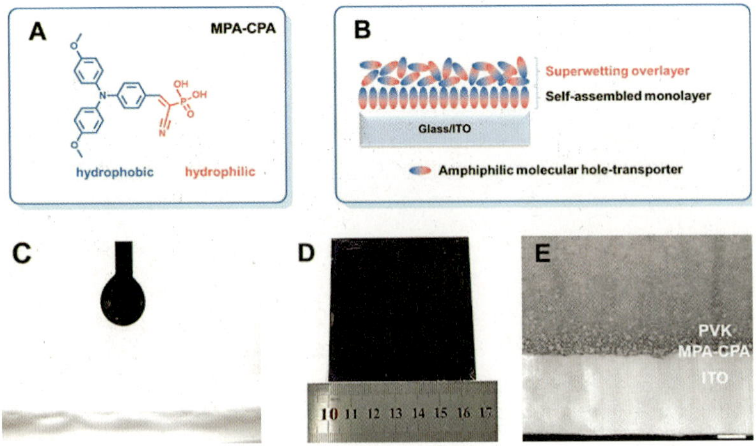

▲《科学》（Science）杂志在线发表论文页面

国家级科技奖励获奖情况

学校始终秉承“国家所需，华理所向”的信念，先后在能源化工、高端装备、智能制造等领域取得了一大批重大科技创新成果。改革开放以来，学校先后获国家科技奖励71项、省部级科技奖励700多项，拥有各类国内外有效专利3 000多项。

学校获国家科技奖励“三大奖”一览表

序号	获奖年度	项目名称	奖励等级	主要完成人	院系
1	1980	水蒸汽脱附的分子筛脱蜡	发明奖三等	刘馥英、朱之培、陈绍洲、汪文虎、王永玉、冯冰	石油化工系
2	1981	锂云母型可切削微晶玻璃	发明奖三等	诸培南、蒋维瑞、赵天佑	无机材料系
3		固化性能优良的双酚A型聚酯树脂	发明奖四等	丁有容、沈志聪	石油化工系
4		固定化大肠杆菌谷氨酸脱羧酶的活力再生技术	发明奖四等	李永丰、陈依琴	有机化工系
5	1982	芳羧酸双酯类气相色谱液晶固定液	发明奖四等	肖毓祥、李国镇、吴万年	化学系
6	1983	超增感染料组合及其应用	发明奖三等	史念慈、王祖强、杨素卿	精细化工系
7		CM型铜-稀土氧化物蜂窝状燃烧催化剂	发明奖三等	汪仁、吴善良、张志刚、王利贞等	能源化工系
8	1985	甲醇合成塔设计新方法	科技进步奖二等	宋维端、朱炳辰、房鼎业、张成芳	计算机系
9		转盘塔提取麻黄素的研究	科技进步奖三等	苏元复、倪信娣、于筛成、周永传、陈国泰	化学工程研究所

续表

序号	获奖年度	项目名称	奖励等级	主要完成人	院系
10	1985	发酵工业用空气除菌新材料和空气除菌新技术	发明奖四等	屠天强、俞俊棠	生化工程系
11	1987	BV钾碱液从气体混合物中分离二氧化碳新方法的开发研究	科技进步奖二等	施亚钧、涂晋林、张宝隆、孙文粹、郁正容、石仙罗、金国龙	化学工程研究所
12	1988	微温差法泵特性测试技术	科技进步奖三等	朱复中、高宏、陈连根	化工机械系
13		辐射合成丙烯酸—丙烯酸丁酯共聚物	科技进步奖三等	钱孟平、杨密贞、陈宝康、万国雄	化学系
14	1989	新型二甲苯不饱和聚酯树脂902–A3	科技进步奖三等	焦扬声、李世瑨、陈振北、席与达、虞俊生	高分子材料系
15	1990	HW–钨系水处理剂	发明奖三等	陆柱、朱迎春、李晓东	环境工程系
16	1991	化肥生产过程计算机控制系统（大化肥）	科技进步奖三等	邓尤其、黄道、华振东、蒋慰孙、王珊珠	自动化研究所
17		差热–热重–微机联用系统	科技进步奖三等	梁天白、周又玲、徐国华、高原、袁靖	自动化研究所
18		相转移催化法合成对、邻氨基苯乙醚	发明奖三等	祁国珍、王金娣、杨恒富、王贤教	专用化学品研究所
19		硫系玻璃系列研究	自然科学奖四等	程继健、梁振华、施卫东	无机材料系
20	1992	面向DP/MIS的软件工发环境EASYCODE	科技进步奖二等	居德华、周善琼、盛浩林、顾毓清、吴定一、王理平、胡自强、丁玉章、吴晓泽	计算中心
21	1997	青霉素发酵过程优化技术研究	科技进步奖二等	张嗣良、杨增展、温同礼、戴干策、陈学东、吴梅月、叶勤、吴农、夏宁茂	生化工程研究所
22	1999	轻烃分离技术的开发和应用	技术发明奖三等	倪进方、李泓根、吴德荣、金一泓、刘谷平、堵祖荫	化工学院

续表

序号	获奖年度	项目名称	奖励等级	主要完成人	院系
23	2003	基于参数相关的发酵过程生物反应器优化与放大技术	科技进步奖二等	张嗣良	生工学院
24		乙烯生产过程基于神经网络的软测量和智能控制技术	科技进步奖二等	钱锋	信息学院
25	2004	自固化磷酸钙人工骨的研制及应用	科技进步奖二等	刘昌胜、黄粤、曹雪华等	材料学院
26	2005	新型食品添加剂呈味核苷酸二钠关键生产工艺技术	科技进步奖二等	张嗣良	生工学院
27		大型精对苯二甲酸生产过程智能建模、控制与优化技术	科技进步奖二等	钱锋	信息学院
28	2007	石油焦化冷焦污水封闭分离成套技术与应用	科技进步奖二等	汪华林、白志山、王建文	机械学院
29		有机荧光功能材料	自然科学奖二等	田禾、王巧纯、朱为宏	化学学院
30	2008	含氟芳香精细化学品及氟化试剂的关键技术、理论与应用及产业化	科技进步奖二等	钱旭红、姜标、陈卫东等	药学院
31	2009	含硫含碱废液过程减排新技术及在化工行业中应用	科技进步奖二等	汪华林、黎树根、钱卓群、胡江青、白志山等	机械学院
32		有机化无机颗粒改性聚合物复合材料制备关键技术	科技进步奖二等	李春忠、张玲、王庚超、周晓东、牛建华等	材料学院
33	2010	油藏保护性可持续开发的微生物采油调控技术及工业化应用	科技进步奖二等	牟伯中、杨世忠、刘金峰等	化学学院

续表

序号	获奖年度	项目名称	奖励等级	主要完成人	院系
34	2011	盐湖钾镁资源高效与可持续开发利用关键技术	科技进步奖二等	于建国、宋兴福、路贵民等	资环学院
35		大型精对苯二甲酸装置节能降耗的优化运行技术	科技进步奖二等	钱锋、钟伟民、杜文莉等	信息学院
36		基于细胞生理与过程信息处理的工业发酵优化新技术	科技进步奖二等	张嗣良、储炬、庄英萍等	生工学院
37		新型树脂复合材料的研究（专用）	科技进步奖二等	杜磊、黄发荣、万里强等	材料学院
38	2013	高温过程装备结构完整性关键技术及应用	科技进步奖二等	涂善东、轩福贞、贾九红等	机械学院
39	2014	钙磷基生物材料的转化机理及新生物性能研究	自然科学奖二等	刘昌胜、袁媛	材料学院
40		重大化工装置中细颗粒污染物过程减排新技术研发与应用	技术发明奖二等	汪华林、杨强	机械学院
41	2015	定向转化多元醇的生物催化剂创制及其应用关键技术	技术发明奖二等	魏东芝、林金萍、王学东等	生工学院
42	2019	功能染料稳定性强化原理与应用基础研究	自然科学奖二等	朱为宏、郭志前、吴永真、解永树、赵春常	化学学院
43		乙烯装置效益最大化的优化控制技术	科技进步奖二等	杜文莉、钱锋、张利军、智茂轩、李江利、卫达、王振雷、田亮、赵亮、吴剑	信息学院
44	2021	限域反应构建晶态能量转换材料及调控机制	自然科学奖二等	李春忠、江浩、杨化桂、朱以华、沈建华	化工学院

注：以上为学校牵头项目获奖情况，另有以协作单位或主要参加人完成的27项成果获奖。

7. 师资队伍

学校始终把人才资源作为学校建设发展的第一资源。经过一代代华理人勠力奋斗，高层次人才队伍不断壮大，人才引培机制更加健全，逐步形成了院士、长江学者、国家杰青等各类高层次人才和优秀中青年学术精英在内的高水平师资队伍。学校现有中国科学院院士6人（其中外籍院士3人），中国工程院院士5人，外国院士2人，国家级高层次人才140余人次。

袁渭康（1935.7—）
1995年当选中国工程院院士
1957年化工机械专业本科毕业
1962年化学工程研究生毕业
1973年起在校任教

钱旭红（1962.2—）
2011年当选中国工程院院士
1982年基本有机化工专业本科毕业
1985年精细化工系硕士毕业
1988年精细化工系博士毕业
1988年6月起在校任教

田禾（1962.7—）
2011年当选中国科学院院士
1986年精细化工专业硕士毕业
1989年精细化工专业博士毕业
1989年1月起在校任教

钱锋（1961.4—）
2015年当选中国工程院院士
1988年工业自动化硕士毕业
1995年工业自动化博士毕业
1988年8月起在校任教

刘昌胜（1967.6—）
2017年当选中国科学院院士
1992年生物化工专业硕士毕业
1996年化学工程专业博士毕业
1992年7月起在校任教

涂善东（1961.11—）
2019年当选中国工程院院士
2001年10月起在校任教

朱为宏（1970.5—）
2023年当选中国科学院院士
1999年应用化学专业博士毕业
1995年7月起在校任教

汪华林（1968.10—）
2023年当选中国工程院院士
1995年化工过程机械专业博士毕业
1995年7月起在校任教

伯纳德·费林加（Bernard L. Feringa）（1951.5— ）
2019年当选中国科学院外籍院士
2016年10月起任学校名誉教授
2017年受聘学校“国际知名大师客座教授”

张金龙（1964.4— ）
2019年当选欧洲科学院外籍院士
1985年感光材料专业本科毕业
1993年精细化工专业博士毕业
1993年7月起在校任教

伊塔玛尔•威尔纳（Itamar Willner）（1947.1— ）
2021年当选中国科学院外籍院士
2022年1月受聘学校“国际知名大师客座教授”

牟伯中（1957.5— ）
2023年当选俄罗斯工程院外籍院士
2001年起在校任教

安德鲁·库伯（Andrew I. Cooper）（1970.5— ）
2023年当选中国科学院外籍院士
2017年10月起任学校名誉教授
2022年1月受聘学校“国际知名大师客座教授”

国家杰出青年科学基金获得者						
田　禾	钱旭红	刘洪来	涂善东	刘昌胜	钱　锋	林嘉平
李春忠	汪华林	马铁驹	杨　戈	轩福贞	朱为宏	王健农
张立新	杜文莉	杨化桂	张显程	李洪林	龚学庆	刘培念
钟伟民	方海平	项延训	刘　琴	曲大辉	杨　强	马　骧
白志山	郭志前	林绍梁	刘润辉	邢明阳		

国家百千万人才工程						
涂善东	钱旭红	王健农	田　禾	钱　锋	凌立成	刘昌胜
王辅臣	林嘉平	汪华林	李春忠	张立新	轩福贞	李永生

国家级教学名师		
房鼎业	黑恩成	唐颂超

全国优秀教师			
张兆奎	陈敏恒	钱旭红	田　禾
王亚平	鲁习文	许建和	李春忠

“973计划”首席科学家						
钱旭红	王辅臣	李元广	钱　锋	刘昌胜	田　禾	张立新

“863计划”领域专家		
于建国	张元兴	庄英萍

有突出贡献的中青年专家					
沈伟国	陈敏恒	戴干策	居德华	王行愚	黄　道
王　俊	李春忠	轩福贞			

上海市科技精英

黄　道	钱旭红	钱　锋	刘昌胜	汪华林	于建国	朱为宏

上海市领军人才

钱旭红	李春忠	林嘉平	刘洪来	魏东芝	陈　彧	徐　宏
许建和	张金龙	轩福贞	程建新	辛　忠	张　玲	李　忠
赵　玲	范体军	杜文莉	朱学栋	袁　媛	李永生	周兴贵
严怀成						

上海市青年科技英才

刘昌胜	汪华林	李春忠	白志山	张　玲	龙东辉	郑高伟

教育部跨世纪优秀人才培养计划入选者

钱旭红	于建国	蓝闽波	魏东芝
钱　锋	谭文松	刘昌胜	李春忠

教育部新世纪优秀人才支持计划入选者

张金龙	程振民	魏东芝	王辅臣	郎美东	林嘉平	陈　彧
周兴贵	王艳芹	马海燕	轩福贞	杨　弋	于广锁	钟新华
朱为宏	邓卫平	李　忠	乔文明	伍新燕	叶邦策	周炜星
胡爱国	唐　赟	刘海峰	宋兴福	汪华林	郭杨龙	刘　琴
马铁驹	颜学峰	杨化桂	赵　玲	范体军	解永树	钱江潮
袁　媛	张　玲	张素平	张显程	朱卡克	杜文莉	郭　耘
李洪林	李永生	于新海	童晓峰	徐　晶	李　剑	陈雪莉
白志山	王　靖	林绍梁	江　浩	李　辉	刘培念	杨发祥
叶金星	周志明					

8. 社会服务

学校坚持“立足上海，服务全国，走向世界，面向未来”的服务定位，发挥学科特色，整合优势资源，以教育、科技、人才、文化等为载体主动提供智力支持，承担社会责任，贯彻落实服务经济社会的理念，以一流服务助力一流大学建设。

对口支援

自2008年以来，学校充分发挥组织、人才、学科等方面的优势和力量，通过选派教师支教、干部挂职，以及接受对方高校教师进修、干部挂职锻炼，实施“慕课西部行计划”，推进高校银龄教师支援西部计划，优化对口支援高校交流生协同工作机制，扎实做好对口支援石河子大学、青海大学、宁夏大学、中国石油大学（北京）克拉玛依校区、大理大学、陇东学院的工作，较快提升了受援高校的教学与管理水平，有力彰显了华理的社会担当。

▲ 2013年7月26日，学校领导出席2013年对口支援青海大学工作会

2018年12月28日，中国石油大学（北京）副校长陈大恩一行来校访问

2019年6月20日，石河子大学党委书记夏文斌一行来校访问

2021年9月22日，宁夏大学校长彭志科一行来校访问

2023年6月27日，大理大学校长杨顺清一行来校访问

定点扶贫（云南寻甸）

2012年11月，按照党中央、教育部的部署，学校定点帮扶云南省寻甸回族彝族自治县。学校党政领导高度重视，依托教育、科技、人才、文化等资源，帮助寻甸于2018年实现脱贫，并持续巩固脱贫攻坚成果、大力推进乡村振兴，助力寻甸经济社会持续高质量发展。

▲ 2013年7月3日，学校举行云南寻甸定点帮扶座谈会

◀ 2013年7月3日，学校举行“云南寻甸工业经济专题干部培训班”开班典礼

▲ 2018年7月23日，商学院学生在寻甸开展“智慧+”接力公益精神帮扶实践

▲ 2021年9月1日，数学学院、物理学院实践团队赴寻甸开展科普支教

▲ 2022年7月29日，学校与云南省寻甸县人民政府签订新一轮定点帮扶协议

◀ 2022年8月18日，华东理工大学—寻甸县社会工作人才联合培养基地揭牌

▶ 2023年3月13日，寻甸县委书记高宇明一行来校访问

志愿服务

学校精心打造独具特色的志愿服务品牌，引领学生在“行走课堂”中弘扬志愿服务精神，展现华理青年风采，彰显时代责任，以实际行动奋进新征程、建功新时代。

▲ 2010年6月2日，华东理工大学2010上海世博会志愿者合影

◀ 2015年，大学生支教甘肃定西

▲ 2016年3月6日，参加国际滑联“上海超级杯”短道速滑及花样滑冰队列滑大奖赛志愿者合影

▲ 2018年10月20日，华东理工大学首届中国国际进口博览会志愿者合影

▲ 2021年6月17日，学校与中共一大等红色教育基地签约开展志愿服务

▲ 2022年3月18日，学校组建第一批PCR检测志愿者服务队

2000年5月，
学校获全国第5届残疾人运动会田径项目志愿者工作特别贡献奖

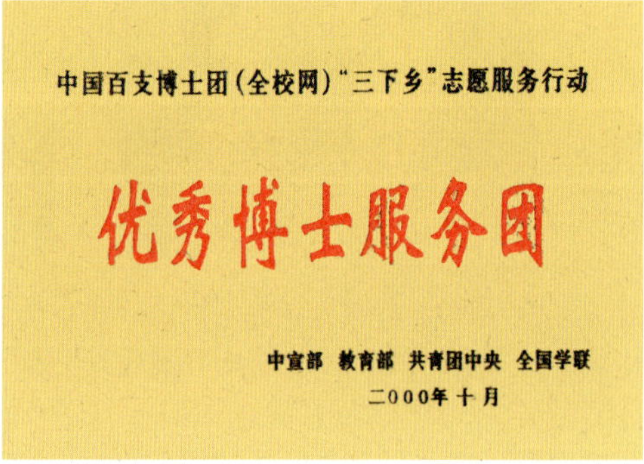

2000年10月，
学校获中国百支博士团“三下乡”志愿服务行动优秀博士服务团

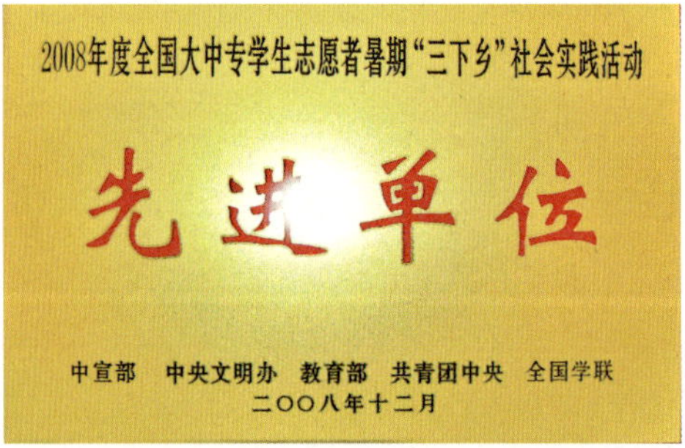

2008年12月，
学校获全国大中专学生志愿者暑期“三下乡”社会实践活动先进单位

2010年3月，
学校获“中国2010年上海世博会上海馆馆型设计方案征集活动”杰出设计奖

9. 文化建设

学校坚持社会主义办学方向，贯彻党的教育方针，遵循高等教育办学规律，以“培育英才、服务社会、奉献人类”为使命，坚持“以人为本、注重过程、传承创新”的办学理念，秉承“脚踏实地、大气谦和”的精神品格，形成了“开拓进取、自强不息、知行合一、追求卓越”的大学文化。

校训

在2007年教育部本科教学工作水平评估前，学校开展了教育理念大讨论。对学校长期以来的办学思想、办学过程、办学实践以及未来发展的定位，进行了科学、客观、严谨的分析、总结、思考后，确定学校的校训为：“勤奋求实、励志明德”。

校训的形成，有着深厚的文化渊源。建校初期，学校几乎是一片空白，从江湾到梅陇，无论是满腹经纶的大师、博学多才的教师、勤劳朴实的职工还是意气风发的学生，在学校党政领导之下，努力工作，艰苦创业。“没有会场，就在球场上席地而坐开会”“没有饭厅，就在大草棚中开饭”“工地上没有住宿，就睡地铺”，在极其艰苦的条件下开展校区建设和教学、科研工作。在师生员工的共同努力下，在建校8年之际，跻身全国重点大学行列。

然而，从建校创业到党的十一届三中全会召开之前，学校从来没有提出过自己的校训，直到1982年建校30周年前夕，在一次座谈会上，许多创校老同志一致认为“勤奋、求实”这4个字是学校的好校风，是学校优良传统的集中表现。1983年9月，时任名誉院长、86岁高龄的张江树教授为“勤奋、求实”校风题词。

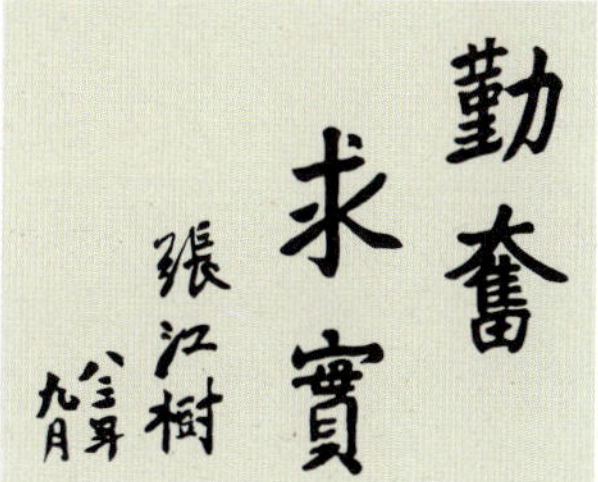

▲ 张江树题词

校标

▲ 第一代校标

▲ 第二代校标

▲ 第三代校标

1952年建校以来，学校校标经历了三个阶段的演变。

第一代校标：在建校之初的档案中，并未发现校标相关内容介绍。最早在1953年的一本党委会记录簿的封面上印有校标，此应为学校第一代校标。第一代校标是由化工塔和齿轮构成，结构相对简单，凸显了学校单科性化工院校的特点。

▲ 1953年党委会记录簿封面

第二代校标：1993年，教育部批准学校正式更名为“华东理工大学”。为配合新的校名，学校在校报上发出一则《我院更改校名 院部广求校标》的启事，向全体师生及校友征集新的校标图案，要求“校标图案简洁明快、寓意深刻，既能反映化工特色的历史传统，又能体现工、理、商结合的时代风貌”。经过广泛征集，有6种图案入选第二轮，并通过学校布告栏及校报进一步征求意见。

1994年11月7日，参照第二轮的征集意见，党委常委会讨论决定，下图第一排第三种图案为学校校标。此校标以整体的圆形，象征团结、凝聚，以外圈线增加收缩感。中央图案是第一代校标的继承和发展，地球卫星升腾，象征学校向高科技发展攀登。舒同体“华东理工大学”在正上，瘦长体华东理工大学英文全称环绕在下，保持图案的匀称、稳重感。

第二代校标征集图案

第三代校标：随着学校的不断发展，学校内涵得到丰富和提升，第二代校标在形式和内容方面渐渐不能反映学校开放、进取、多学科、研究型大学的新特征。2006年1月，学校进行校标评选活动，展出了6种方案，以投票的形式征集意见。最终，A2方案获最高票，被定为学校新校标。

第三代校标征集图案

该校标以大学的英文首字母U为元素，将化工塔、管道与过程工业中的设备进行抽象表现，既体现了学校化工特色的悠久历史，也寓意着学校向过程工程学科群拓展。两个U型抽象元素也形同两本书，共线共形，互相渗透、叠合，寓意自然学科和社会学科相互融合，相辅相成，共同发展；同时也寓意严谨学风。齿轮造型体现了学校以工科为主的特色，也衍生为太阳光芒，左西右东，寓意学校在祖国东部，日出东方。这些元素之间互连，富有动态，表现了实践与试验、学科与学科之间的紧密联系，其兼具现代标志形象与传统徽章特点，展现了新时期学校的新面貌。

校歌

1998年12月25日，党委宣传部、校工会和学生处联合发布了征集创作校歌歌词（曲谱）的通知，歌词要求“以大学生活为背景，既体现学校的形象和特色，又能符合时代特征，还要格调高昂，有一定的思想性和艺术性”。

通知发出后，全校师生积极参与。“不仅广大学生热情高涨，而且教师、退休老教授、离休老干部等也踊跃投稿；过了截止期还不断有人来投稿”。最后，共收到76首歌词。之后，学校印制了《校歌歌词选票》，分发到各学生班级和各部门工会小组，由全校师生投票评选入围作品。学校成立了由教授、青年教师、学生和有关人员组成的评选组，对入围作品又做了认真评选和多次修改。1999年1月19日，学校党委常委会讨论决定，校歌正式定名为《明天的希望》，以集体作词署名，谱曲由著名专业作曲家、上海歌剧院艺术创作室副主任朱良镇完成。

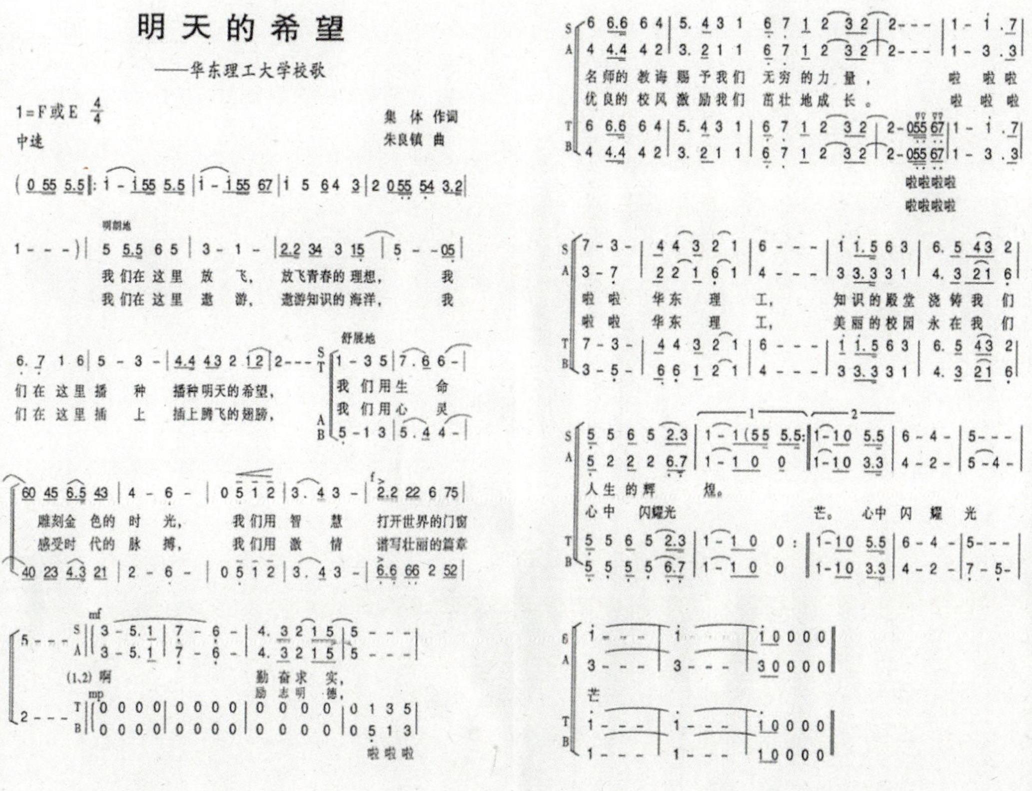

▲ 华东理工大学校歌

扫码收听音频

延伸阅读 校歌《明天的希望》

校刊

1956年3月1日，《华东化工学院校刊》创刊。1993年8月27日第609期起，改名《华东理工大学周报》。多年来，校报见证了学校的发展变迁。

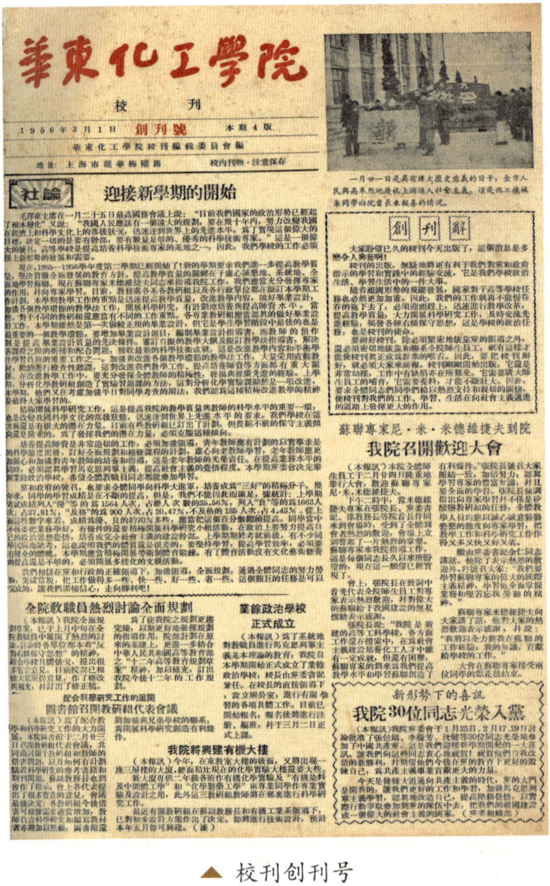
華東化工學院
校刊
1956年3月1日 創刊號 本期4版
華東化工學院校刊編輯委員會編
地址：上海市龍華梅隴路 校內刊物·注意保存
社論 迎接新學期的開始
創刊辭
蘇聯專家尼·米·米德維捷夫到院 我院召開歡迎大會
全院教職員熱烈討論全面規劃
業餘政治學校正式成立
配合科學研究工作的展開 圖書館召開教研組代表會議
我院將興建有機大樓
新形勢下的喜訊 我院30位同志光榮入黨

▲ 校刊创刊号

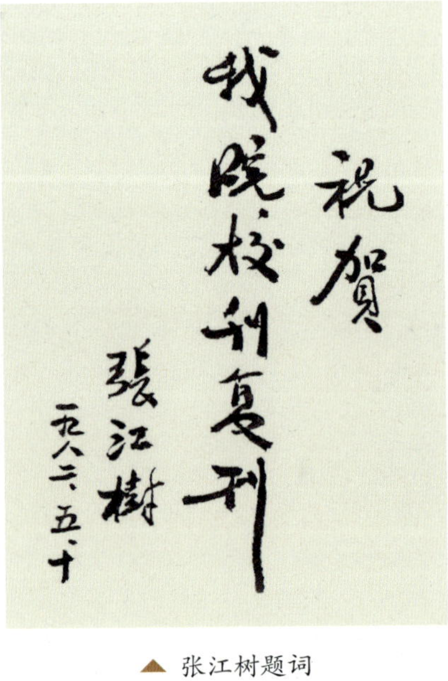

▲ 张江树题词

三大节日

为丰富学生的课余生活、活跃学生的文化思想、提高学生的综合素养和能力，学校于1986年、1987年先后举办文化艺术节、体育节、思想学术节。“三大节日”延续至今，已深深扎根于华理校园文化系列教育活动之中，成为华理学子每年文化生活中一道靓丽的风景线。

▲ 2015年12月9日，学校第29届思想学术节闭幕

◀ 2018年11月15日，学校第32届文化艺术节开幕

▶ 2021年5月7日，学校第35届体育节开幕

乒乓文化

建校初期，学校就把乒乓球作为师生进行教学和体育锻炼的重点项目，并经常组织师生参加各类比赛，屡获佳绩。

1990年，学校举办了中国大学生乒乓球协会成立大会，并被选为该协会的主席单位。1995年，上海市大学生乒乓球协会在校成立，学校被选为第一届会址单位。1996年，学校成立了华东理工大学东方乒乓球俱乐部，聘任著名教练张燮林来支持俱乐部的发展。2000年10月，第13届世界大学生乒乓球锦标赛在学校举行，这是国际性体育赛事首次在中国高校举办。学校斩获女团、女单、女双、混双冠军。

学校一直坚持“教体结合”，建设高水平运动队。学校对运动员实行了大、中、小学“一条龙”三级联网的培养模式，承担大学教学任务，并统筹安排国内外的比赛。学校乒乓球队活跃在各类比赛中，帖雅娜、乔云萍、高军、石小娟、谭文玲、邬娜、单晓娜、王艺迪等不少世界名将都来自华理。华理乒乓球闻名全国。

▲ 体操房（现乒乓馆）

乒乓馆

2000年，第13届世界大学生乒乓球锦标赛在学校举行

乒乓球比赛获奖情况

年份	获奖名称	奖项
1982	首届全国大学生运动会乒乓球比赛	女单第三，男团、男单、女团第四，男双、女双第五
1990	全国大学生乒乓球比赛	A组男女团体、男女单打冠军、男女单打季军
1992	第9届世界大学生乒乓球锦标赛	团体第三、混双第二、三名
1994	第10届世界大学生乒乓球锦标赛	女团冠军、女单冠亚季军
1996	第11届世界大学生乒乓球锦标赛	女双冠军、季军，女单亚军、季军和团体第三名
1998	第12届世界大学生乒乓球锦标赛	团体、女单、女双、混双冠军
2000	第13届世界大学生乒乓球锦标赛	女团、女单、女双和混双冠军
2000	第6届全国大学生运动会乒乓球比赛	女团、女单、女双、混双冠军
2001	全国大学生乒乓球比赛	女子A组、B组2项单打冠军，A组女团第三、男团第三和女子B组亚军
2001	第21届世界大学生运动会	女团、女单、女双和混双冠军
2002	全国大学生乒乓球比赛	女团高水平组、普通组冠军
2002	第14届世界大学生乒乓球锦标赛	女团、女单和混双冠军
2004	第7届全国大学生运动会乒乓球比赛	女团冠军、混双亚军
2005	第12届中国大学生乒乓球锦标赛	男团冠军，普通组男女团体冠军，高水平组男单冠军、男双冠军和普通组女双冠军

续表

年份	获奖名称	奖项
2006	第16届世界大学生乒乓球锦标赛	女团、女单、女双和混双冠军
2007	第24届世界大学生运动会	女团、女单、女双、混双冠军
2008	第14届中国大学生乒乓球锦标赛	女团、女单、女双冠军
2009	第25届世界大学生运动会	乒乓球3项冠军
2009	第1届亚洲大学生乒乓球锦标赛	女团、女单、女双冠军
2010	第18届世界大学生乒乓球锦标赛	女团、单打和双打冠军
2011	第26届世界大学生运动会	女双、女单、混双、女团冠军
2012	中国乒乓球超级联赛	冠军
2013	第27届世界大学生运动会	女单冠亚军、女双亚军
2013	第18届中国大学生乒乓球锦标赛	女团、男团、女单、混双冠军，男单季军
2014	世界大学生校际对抗赛乒乓球比赛	混合团体冠军，男单、女单、混双冠军
2014	第19届中国大学生乒乓球锦标赛	女子团体、混双冠军，女单、男单季军
2014	第30届泛波罗的海大学生运动会	女单、女双冠军，女单季军
2015	第28届世界大学生运动会	女单、女双、女团冠军
2016	第10届全国大学生运动会乒乓球比赛	混双冠军

续表

年份	获奖名称	奖　项
2016	世界高校校际运动会	团体、男单、混双、女单冠军，混双、男单亚军
2016	第21届中国大学生乒乓球锦标赛	团体、混双冠军，女单亚军，女单、男双季军
2016	第32届泛波罗的海大学生运动会	女团、女单冠军，女单亚军，女单季军
2017	第33届泛波罗的海大学生运动会	男单、女单、女双冠军，女单、男单、男双亚军，女单季军，男单第5名
2017	世界高校校际运动会	团体、男单、混双、女单冠军，团体、男单、混双、女单亚军
2018	第23届中国大学生乒乓球锦标赛	女团冠军，男团亚军
2018	世界高校校际运动会	团体、男单、混双、女单冠军，混双、女单亚军，男单季军
2019	第30届世界大学生运动会	女团冠军
2019	第35届泛波罗的海大学生运动会	男团冠军、男单冠军、男单亚军
2021	第25届中国大学生乒乓球锦标赛	女团冠军、男团亚军、女单冠军
2023	第26届中国大学生乒乓球锦标赛	女团冠军、女单冠军
2023	第31届世界大学生运动会	男团、女团、混双、男双、女双、男单、女单冠军，混双、女双、男单亚军，男双、男单、女单季军

龙舟文化

2005年，学校根据奉贤校区自然条件，修建了3条标准龙舟赛道和上下船码头，并购置了9条大龙舟和3条小龙舟。2007年，新校区启用后，学校在国内率先开设大学体育龙舟必修课和选修课，引领学子体验传统文化之美。除了将龙舟教学引入课堂，学校还积极举办各种主题的赛事。

▲ 2013年10月18日，学生上龙舟课

▲ 2023年5月20日，学校第五届校友龙舟赛举行

校园文化

学校每年定期举办“高雅艺术进校园”演出，注重在舞台剧、音乐会、地方剧等丰富多彩的艺术活动中，提高学生的艺术修养和文化素质。同时，通过建立大学生合唱团、舞蹈团、话剧团、管弦乐团等各类学生社团，充分展示学生风采，营造校园文化氛围。

2005年5月26日，高雅艺术进校园——京剧《王子复仇记》上演

2009年5月11日，大学生原创舞台剧《延考生》上演

▲ 2012年6月6日，大学生原创话剧《根在华理》上演

▲ 2014年10月14日，高雅艺术进校园——话剧《恋爱的犀牛》上演

2016年，大学生原创话剧
《海岛来信》公演

2017年6月12日，
大学生原创军旅题材话剧
《金珠玛米》首演

2019年1月4日，学校举办首届
教职工文化艺术节文艺汇演
——京剧《武家坡》

▲ 2017年7月10日，学校大学生合唱团获新加坡第10届“歌韵东方”国际合唱节最佳演绎奖

▲ 2018年5月22日，高雅艺术进校园——话剧《这个男人来自地球》上演

▲ 2019年8月4日，学校大学生合唱团获2019世界合唱大奖赛2项金奖

▲ 2019年6月19日，大学生管弦乐团专场音乐会举办

2019年9月18日，
学生原创舞蹈作品
《让世界更美好》上演

2022年12月11日，学校首部原创大师剧《更生》首演

10. 国际交流

学校主动对标世界一流，对接国家重大战略和上海科创中心建设需求，构建了全方位、宽领域、多层次的对外开放与交流局面，与剑桥大学、牛津大学等170多个国（境）外院校和科研机构建立了长期合作关系。

首次派遣学生出国留学

1953年，学校开始学习苏联的办学模式。大多数课程选用苏联教材，举办俄文速成班，派遣师生前往苏联留学深造。

▲ 1953年，学校首批留苏预备生在北京俄文专科学校进修俄文

首批国外代表团来校访问

1954年10月20日，巴基斯坦妇女代表团来校访问。1954年11月26日，时任国务院总顾问的苏联专家组副组长马连采夫视察学校。

首次邀请国外专家讲学

1954年12月6—27日，学校首次邀请苏联耐火材料专家威吉、无机物专家阿赫米托夫来校短期（3周）讲学。1956年2月24日，学校首次聘请苏联矽酸盐专家米德维捷夫来校长期（1年）讲学，并担任张江树院长的顾问。

▲ 1954年，苏联专家威吉、阿赫米托夫来校讲学

首次招收留学生

1956年，学校首次招收留学生，来自越南的孙灿、阮成慧进入学校无机工业系矽酸盐工学专业学习。截至1966年，学校共为越南培养57名留学生。

1974年5月，学校成立留学生办公室。1974年8月，学校招收2名阿尔巴尼亚籍留学生（扬尼·西拉、什克尔基姆·孟捷拉里）。自此，学校开始恢复留学生招生。

▲ 1959年，学校欢送越南留学生

改革开放后首次聘请外教

1982年4月，学校邀请英籍加拿大语言专家吴玛丽（Marian Ng）来校长期讲学，这是改革开放后，学校聘请的首位外教。

▶ 英籍加拿大语言专家吴玛丽女士

首次聘任国外学者为名誉教授

1984年6月9日，学校首次聘请国外学者、美国马里兰大学叶祖尧为名誉教授。

▲ 聘任仪式

▲ 部分与会人员合影

首次举办国际学术会议

1991年5月26日，学校举办工业设计学科多国研讨会。这是改革开放后学校首次举办国际学术会议。

首次接受本科专业国际认证

2009年11月16日，学校首次接受本科专业国际认证——中德合作本科专业“电气工程及其自动化”和“化学工程与工艺”接受认证。

▲ 认证会现场

开设首个全英文授课本科专业

经过近两年的课程建设和师资建设，2017年9月，学校首个全英文授课本科专业——国际经济与贸易正式开课。该专业当年招收中外新生68名。

▲ 授课课堂

创办国内首个中德双学位工程管理硕士（MEM）项目

2019年5月8日，学校与德国柏林工业大学签署合作协议，联合举办国内首个中德双学位工程管理硕士（MEM）项目。

▶ 签约现场

设立首个境外合作办学机构

2018年4月10日，学校与罗马尼亚的锡比乌卢西恩·布拉加大学正式签约，合作共建“华东理工大学锡比乌中欧国际商学院”。这是学校在海外设立的首个中外合作办学机构、首个境外办学机构，也是中国与罗马尼亚共建的首个商学院，入选“2019年度中国—中东欧国家高校联合教育项目”。

▶ 2019年度中国—中东欧国家高校联合教育项目入选证书

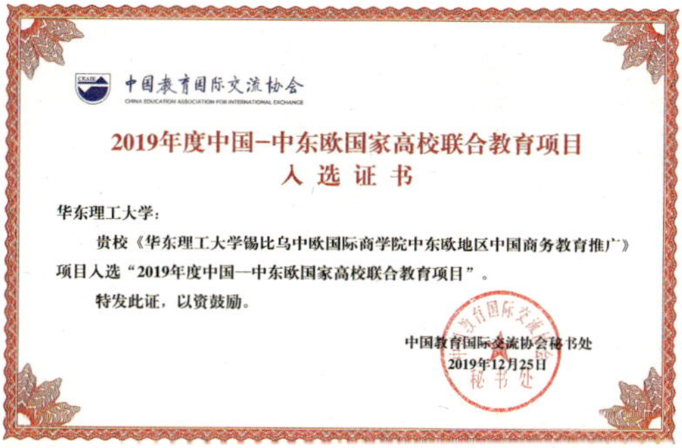
中国教育国际交流协会
CHINA EDUCATION ASSOCIATION FOR INTERNATIONAL EXCHANGE

2019年度中国—中东欧国家高校联合教育项目
入选证书

华东理工大学：

贵校《华东理工大学锡比乌中欧国际商学院中东欧地区中国商务教育推广》项目入选“2019年度中国—中东欧国家高校联合教育项目”。

特发此证，以资鼓励。

中国教育国际交流协会秘书处
2019年12月25日

▲ 签约仪式

创建全球首个科技创新孔子学院

2019年7月8日，学校与英国的哈德斯菲尔德大学签约，共建全球首个科技创新孔子学院，旨在搭建中英、哈德斯菲尔德地区与上海经济、文化、科研等多方面交流沟通的高层次平台。这是学校孔子学院建设实现零的突破，标志着学校在对英、对欧交流合作道路上迈出了坚实的一步。

▲ 2019年12月10日，
国家汉办为华东理工大学及英国哈德斯菲尔德大学举行孔子学院授牌仪式

成立首个非独立法人中外合作办学机构

2020年1月11日，学校揭牌成立国际卓越工程师学院，该学院由学校与法国的雷恩国立高等化工学校合作共建。这是学校第一家非独立法人中外合作办学机构。

▲ 揭牌仪式

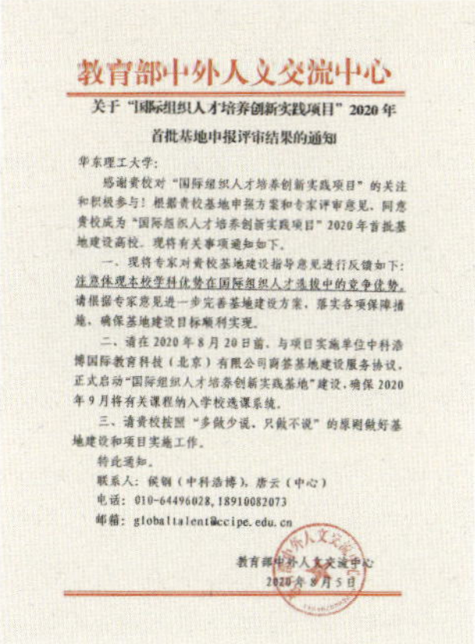

教育部中外人文交流中心

关于“国际组织人才培养创新实践项目”2020年首批基地申报评审结果的通知

华东理工大学：

感谢贵校对“国际组织人才培养创新实践项目”的关注和积极参与！根据贵校基地申报方案和专家评审意见，同意贵校成为“国际组织人才培养创新实践项目”2020年首批基地建设高校。现将有关事项通知如下。

一、现将专家对贵校基地建设指导意见进行反馈如下：注意体现本校学科优势在国际组织人才选拔中的竞争优势。请根据专家意见进一步完善基地建设方案，落实各项保障措施，确保基地建设目标顺利实现。

二、请在2020年8月20日前，与项目实施单位中科添博国际教育科技（北京）有限公司商签基地建设服务协议，正式启动“国际组织人才培养创新实践基地”建设，确保2020年9月将有关课程纳入学校选课系统。

三、请贵校按照“多做少说，只做不说”的原则做好基地建设和项目实施工作。

特此通知。

联系人：侯钢（中科添博），唐云（中心）

电话：010-64496028，18910082073

邮箱：globaltalent@ccipe.edu.cn

教育部中外人文交流中心

2020年8月5日

▲ 2020年8月，学校入选教育部“国际组织人才培养创新实践项目”首批基地建设高校

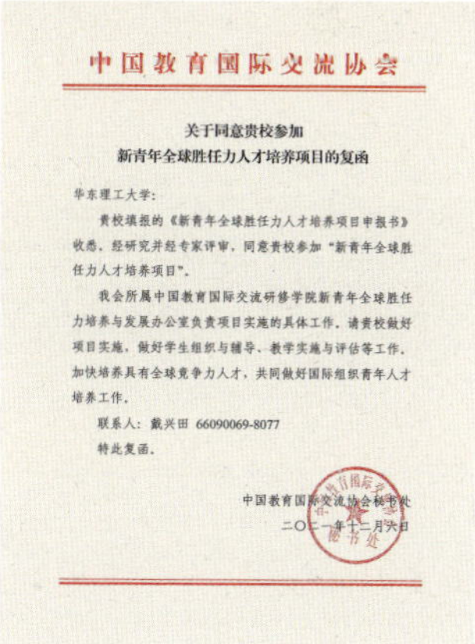

中国教育国际交流协会

关于同意贵校参加新青年全球胜任力人才培养项目的复函

华东理工大学：

贵校填报的《新青年全球胜任力人才培养项目申报书》收悉，经研究并经专家评审，同意贵校参加“新青年全球胜任力人才培养项目”。

我会所属中国教育国际交流研修学院新青年全球胜任力培养与发展办公室负责项目实施的具体工作，请贵校做好项目实施，做好学生组织与辅导、教学实施与评估等工作，加快培养具有全球竞争力人才，共同做好国际组织青年人才培养工作。

联系人：戴兴田 66090069-8077

特此复函。

中国教育国际交流协会秘书处

二〇二一年十二月六日

▲ 2021年12月，学校入选中国教育国际交流协会“新青年全球胜任力人才培养项目”

诺贝尔奖得主联合研究机构

序号	名　　称	时间
1	费林加诺贝尔奖科学家联合研究中心	2017
2	奥利弗·哈特合同与治理研究中心	2019

国际联合实验室

序号	名　　称	时间
1	结构可控分子工程国际联合实验室	2017
2	绿色能源化工国际联合研究中心	2017
3	上海市精准化学国际联合实验室	2017
4	石油化工行业智能优化制造国际合作联合实验室	2019
5	钾锂战略资源国际联合实验室	2020

“111计划”学科创新引智基地

序号	名　　称	时间
1	神经退行性疾病相关蛋白与药物发现科学创新引智基地	2007
2	化学反应工程科学与技术创新引智基地	2008
3	先进过程装备技术学科创新引智基地	2013
4	生物材料与工程学科创新引智基地	2014
5	结构可控分子工程学科创新引智基地	2016
6	石油化工行业智能优化制造学科创新引智基地	2017
7	微生物药物的高效“智”造学科创新引智基地	2018
8	高端化工材料绿色制造学科创新引智基地	2020
9	污染物减排与资源化创新引智基地	2021
10	低碳能源化工学科创新引智基地	2022

11. 党的建设

作为中华人民共和国第一所以化工特色立校的大学，学校事业发展离不开党的领导和关怀。建校以来，学校历届党委统揽全局、励精图治，团结带领广大师生员工，在艰苦时创业建校，在逆境中砥砺前行，在改革大潮里抢抓机遇，在新时代中踔厉奋发，努力为实现建设中国特色、世界一流大学而阔步前行。

1953年1月，中共上海市委高等学校党工作委员会批准成立中共华东化工学院委员会。建校初期，全校党员仅42名。1955年，为更好地发挥党组织的作用，学校开始在系一级设置党的总支委员会，起初仅有无机工业系、有机工业系2个总支。伴随学校事业的发展，学校党委现已设置23个二级党组织，400多个党支部，党员总数已达8 000余名。

历次党代会情况表

党代会	召开时间	奋　斗　目　标
第一次	1956年 4月21—22日	加速教学改革、提高师资水平与教育质量，大力开展科学研究工作
第二次	1960年 2月4—5日	实现教学与生产劳动、科学研究三结合，培养又红又专、能文能武的干部，为胜利完成各项任务而奋斗
第三次	1962年 10月14—19日	培养国家需要的，德智体全面发展且有社会主义觉悟的有文化的劳动者，为争取学校工作的新胜利而奋斗
第四次	1964年 4月8—26日	培养又红又专又健的富有创造精神的革命后代和化学工业建设人才，把学校建设成为一个新型的社会主义大学
第五次	1972年 12月6—8日	进一步加强党的建设，认真落实党的各项无产阶级政策，为办好社会主义化工学院而奋斗

续表

党代会	召开时间	奋斗目标
第六次	1986年 12月19—21日	开创党的工作新局面，为出第一流的人才、第一流的成果，把学校办成国内第一流的大学而奋斗
第七次	1990年 12月28—29日	建设具有化工特色、工理商结合的多科性全国重点大学
第八次	1997年 10月10—11日	建设成为以工科为主体、化工特色、工理商文多科结合，协调发展，高度文明的全国重点大学
第九次	2005年 7月2—3日	落实学校“三年行动纲要”提出的目标与任务，为把学校建设成为国际知名、特色鲜明、多学科高水平的研究型大学而努力奋斗
第十次	2012年 12月26—28日	全面提高教育质量和办学水平，为把学校建设成为国际知名、特色鲜明、多学科高水平的研究型大学而奋斗
第十一次	2018年 1月11—12日	凝心聚力，改革创新，立足新时代，扎根中国大地，努力建设社会主义一流大学，为实现中华民族伟大复兴的中国梦不懈奋斗

▲ 1956年4月22日，华东化工学院第一次党员代表大会合影

▲ 1960年2月4日，华东化工学院第二次党员代表大会合影

▲ 1962年10月14日，华东化工学院第三次党员代表大会合影

▲ 1964年4月26日，华东化工学院第四次党员代表大会合影

1986年，华东化工学院第六次党员代表大会预选会召开

1990年12月28日，华东化工学院第七次党员代表大会召开

1997年10月10日，华东理工大学第八次党员代表大会召开

2005年7月2日，华东理工大学第九次党员代表大会召开

2012年12月27日，华东理工大学第十次党员代表大会召开

2018年1月11日，华东理工大学第十一次党员代表大会召开

回眸1952

1952年9月，华东军政委员会教育部党组同意建立中共华东化工学院委员会。

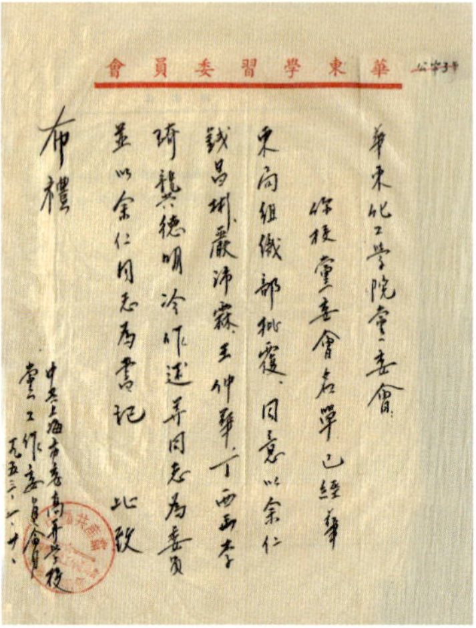
華東學習委員會

華東化工學院黨委會：
你校黨委會名單已經華東局組織部批復，同意以余仁、錢昌琳、嚴沛霖、王仲華、丁西亞、李琦、龔德明、冷作述等同志為委員，並以余仁同志為書記。
此致
布禮
中共上海市委高等學校黨工作委員會
一九五三、一、十、

▲ 1953年1月，中共上海市委高等学校党工作委员会批复

回眸1957

1957年5月29日，学校召开中国共产主义青年团第一次团员大会。时任上海市委书记魏文伯出席并与师生代表合影留念。

▲ 1957年5月29日，学校第一次团员代表大会合影

回眸1979

1979年8月22日，恢复成立学校纪律检查委员会。

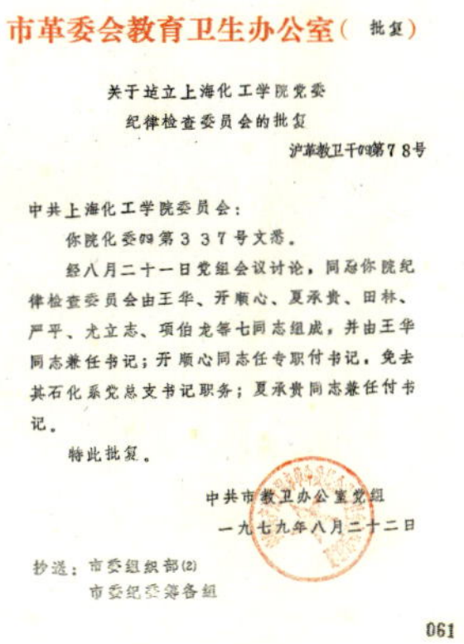
市革委会教育卫生办公室（批复）

关于建立上海化工学院党委
纪律检查委员会的批复

沪革教卫干的第78号

中共上海化工学院委员会：

你院化委的第337号文悉。

经八月二十一日党组会议讨论，同意你院纪律检查委员会由王华、开顺心、夏承贵、田林、严平、尤立志、项伯龙等七同志组成，并由王华同志兼任书记；开顺心同志任专职付书记，免去其石化系党总支书记职务；夏承贵同志兼任付书记。

特此批复。

中共市教卫办公室党组
一九七九年八月二十二日

抄送：市委组织部(2)
市委纪委筹备组

061

▲ 批复文件

回眸1986

1986年1月10日，学校召开首届一次教职工代表大会暨第八次工会会员代表大会。

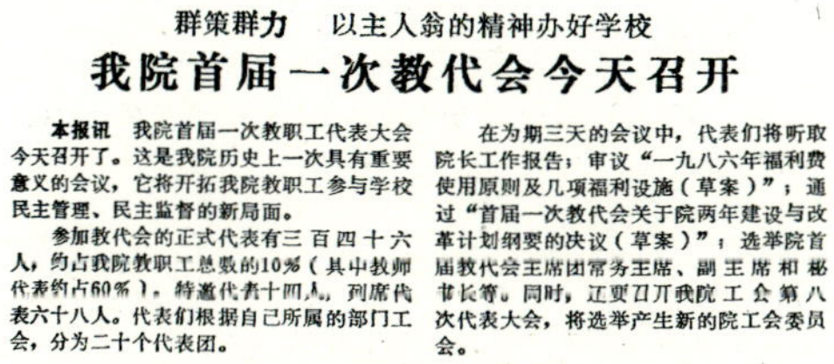
群策群力　以主人翁的精神办好学校

我院首届一次教代会今天召开

本报讯　我院首届一次教职工代表大会今天召开了。这是我院历史上一次具有重要意义的会议，它将开拓我院教职工参与学校民主管理、民主监督的新局面。

参加教代会的正式代表有三百四十六人，约占我院教职工总数的10%（其中教师代表约占60%）。特邀代表十四人，列席代表六十八人。代表们根据自己所属的部门工会，分为二十个代表团。

在为期三天的会议中，代表们将听取院长工作报告；审议“一九八六年福利费使用原则及几项福利设施（草案）”；通过“首届一次教代会关于院两年建设与改革计划纲要的决议（草案）”；选举院首届教代会主席团常务主席、副主席和秘书长等。同时，还要召开我院工会第八次代表大会，将选举产生新的院工会委员会。

▲ 校报报道

回眸1986

1986年1月，学校成立业余党校。1991年2月，学校正式成立党校。

1986年3月14日，学校举行业余党校开学典礼

回眸1987

1987年开始，学校建立入党“公开答辩”机制，严把学生党员发展质量关。

1990年代，
大学生入党“公开答辩”现场

回眸1989

1989年4月15日，学校首次荣获“上海市文明单位”。

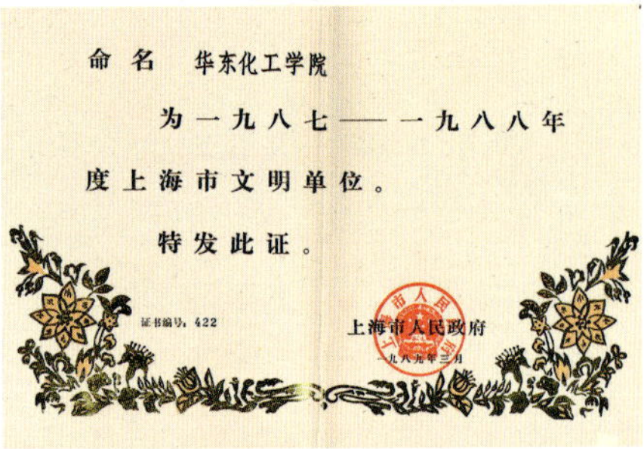

命名 华东化工学院

为一九八七——一九八八年度上海市文明单位。

特发此证。

证书编号：422

上海市人民政府

上海市文明单位证书

回眸1990

1990年8月，学校获全国教育工会系统先进集体称号。

锦旗

回眸1993

学校党委决定，自1993年11月1日起，举行升旗仪式，对学生进行爱国主义教育。

▲ 2021年7月1日，学校举行升旗仪式，庆祝党的百年华诞

1993年，学校开设邓小平理论选修课。1996年5月，党委决定，把邓小平理论“进课堂、进教材、进头脑”作为“两课”建设的重要任务。

“邓小平理论”选修课研讨

回眸2001

2001年起，学校开展面向全校学生党员的“述责答辩”，逐步健全完善学生党员先进性建设机制。

2021年6月24日，学生党员现场“述责答辩”

回眸2004

2004年12月30日，学校举行首届辅导员论坛，旨在通过总结和交流学生辅导员工作，培养一批理论功底扎实，勇于开拓创新，善于联系实际，同时具有较强思想道德修养和社会责任感的优秀学生辅导员。

首届辅导员论坛现场

回眸2005

7月8日，学校全面启动保持共产党员先进性教育活动。

▲ 动员大会现场

12月，民建华东理工大学支部获中国民主建国会全国先进支部称号。

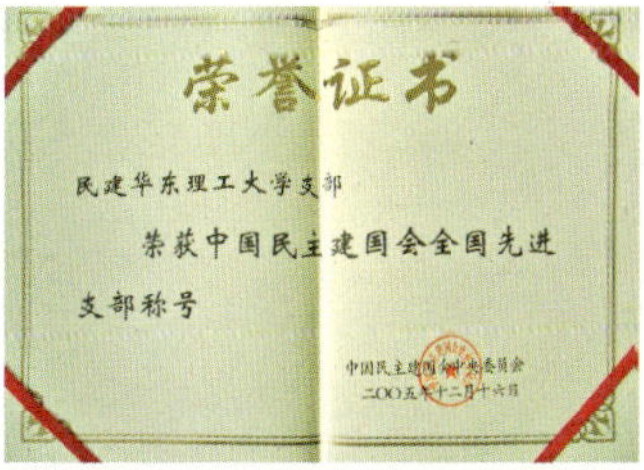
荣誉证书

民建华东理工大学支部

荣获中国民主建国会全国先进支部称号

◀ 荣誉证书

▲ 参观调研勤工助学指导中心

回眸2006

2006年4月27日，全国高校辅导员工作会议代表和新闻单位的记者来校观摩“矩阵式”辅导员队伍配备模式。

回眸2008

2008年5月4日，学校在奉贤校区成立社区书院，探索书院式管理模式。五大书院命名为“震旦书院”“江南书院”“大同书院”“南洋书院”和“东吴书院”，意在汲取“书院”培养人才方面的重要经验，结合新时期人才培养的要求，跨专业、学科、学院，整合校内资源，全面塑造大学生人格。

▲ 社区书院成立仪式

回眸2013

2013年7月3日，学校举行深入开展党的群众路线教育实践活动动员大会。

▶ 动员大会现场

回眸2014

2014年7月6日出版的《人民日报》，以头版头条和四版详细报道的形式，报道了学校优秀毕业生去西部担任志愿者和就业的故事。

人民日报
RENMIN RIBAO
2014年7月
6
星期日

开展价值引领 开拓就业资源
上海优秀毕业生乐去西部

《人民日报》报道

回眸2015

5月13日，学校举行“三严三实”专题教育动员部署会。

8月24日，学校2015级新生“励志明德班”开班。

动员大会现场

开班授旗仪式

回眸2016

3月22日，学校党委部署在全校共产党员中开展“两学一做”学习教育。

12月7日，学校第一期“研思班”开班，旨在通过多种形式的培训，充分发挥党建在研究生思想政治教育工作中的龙头作用，大力提升学校研究生党建工作水平。

▲ 专题辅导报告

▲ 开班会场

回眸2017

1月7日，上海市“高校思想政治工作研究中心”在学校揭牌成立。

11月2日，学校成立习近平新时代中国特色社会主义思想研究会，这是上海市首家成立的同类型学生社团。

▲ 揭牌仪式

▲ 成立仪式

回眸2018

1月2日，央视新闻联播报道学校“形势与政策”课改革举措。

9月11日，学校开展向重点领域派驻专职纪检员试点工作。

12月，化学与分子工程学院党委入选首批“全国100家党建标杆院系”培育创建单位。马克思主义学院“毛泽东思想和中国特色社会主义理论体系概论”课党支部、社会与公共管理学院社会学系教工党支部入选首批“全国党建工作样板支部”培育创建单位。

▲ 央视新闻联播报道

▲ 派驻专职纪检员试点工作会

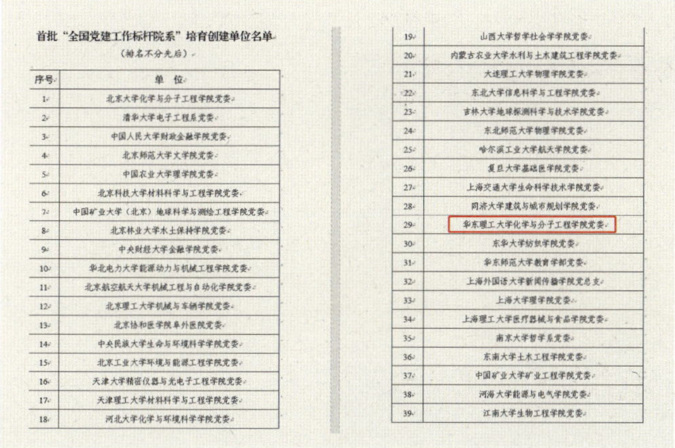

首批“全国党建工作标杆院系”培育创建单位名单

（排名不分先后）

序号	单位
1	北京大学化学与分子工程学院党委
2	清华大学电子工程系党委
3	中国人民大学财政金融学院党委
4	北京师范大学文学院党委
5	中国农业大学理学院党委
6	北京科技大学材料科学与工程学院党委
7	中国矿业大学（北京）地球科学与测绘工程学院党委
8	北京林业大学水土保持学院党委
9	中央财经大学金融学院党委
10	华北电力大学能源动力与机械工程学院党委
11	北京航空航天大学机械工程与自动化学院党委
12	北京理工大学机械与车辆学院党委
13	北京协和医学院阜外医院党委
14	中央民族大学生命与环境科学学院党委
15	北京工业大学环境与能源工程学院党委
16	天津大学精密仪器与光电子工程学院党委
17	天津理工大学材料科学与工程学院党委
18	河北大学化学与环境科学学院党委
19	山西大学哲学社会学学院党委
20	内蒙古农业大学水利与土木建筑工程学院党委
21	大连理工大学物理学院党委
22	东北大学信息科学与工程学院党委
23	吉林大学地球探测科学与技术学院党委
24	东北师范大学物理学院党委
25	哈尔滨工业大学航天学院党委
26	复旦大学基础医学院党委
27	上海交通大学生命科学技术学院党委
28	同济大学建筑与城市规划学院党委
29	华东理工大学化学与分子工程学院党委
30	东华大学纺织学院党委
31	华东师范大学教育学部党委
32	上海外国语大学新闻传播学院党总支
33	上海大学理学院党委
34	上海理工大学医疗器械与食品学院党委
35	南京大学哲学系党委
36	东南大学土木工程学院党委
37	中国矿业大学矿业工程学院党委
38	河海大学能源与电气学院党委
39	江南大学生物工程学院党委

◀ 首批“全国党建工作标杆院系”培育创建单位名单

回眸2019

4月10日，学校获上海市首届“文明校园”称号。

9月12日，学校召开“不忘初心、牢记使命”主题教育动员部署会。

9月12日，学校党委开始首轮巡察工作。

▲“文明校园”奖牌

▲“不忘初心、牢记使命”主题教育动员部署会

◀首轮巡察工作动员部署会

回眸2020

5月3日，学校首获“全国五四红旗团委”称号。

7月10日，学校召开基层党建质量提升暨“四史”学习教育专题研讨会。

▲“全国五四红旗团委”奖牌

▲ 专题研讨会

回眸2021

3月12日，学校召开党史学习教育动员大会。

▲ 党史学习教育动员大会

5月，“小花梨”入选全国首批高校思政类公众号重点建设名单。

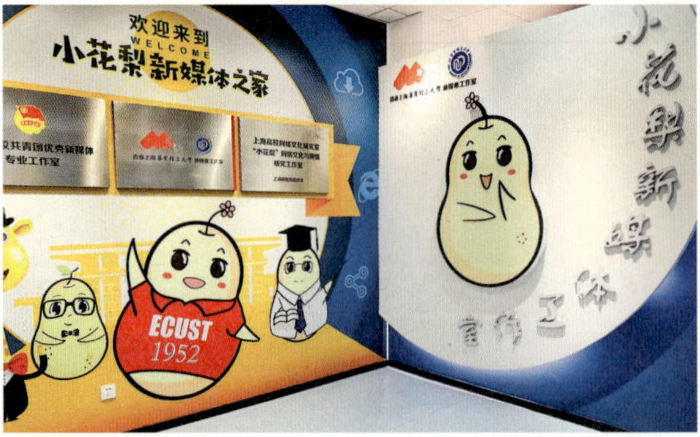

▶ 小花梨新媒体工作室

回眸2022

2022年3月，全国政协委员钱锋和蓝闽波出席全国政协第13届5次会议。

钱锋、蓝闽波合影

回眸2023

4月20日，学校召开学习贯彻习近平新时代中国特色社会主义思想主题教育动员部署会。

▲ 主题教育动员部署会

12. 菁菁校园

徐汇校区

北区位于上海市徐汇区梅陇路130号，校区面积648亩。1954年8月，学校从江湾校址迁来办学。南区位于梅陇路21号，校区面积50亩，2022年投入使用。

▼ 费林加诺贝尔奖科学家联合研究中心

▲ 六教、莲花池

▲ 大草坪

奉贤校区

位于上海市奉贤区海思路999号，校区面积1 429亩。

2002年11月，学校选址奉贤，建设新校区。2005年11月10日开工，2007年夏一期工程建设基本完成并启用。

▲ 大学生活动中心

▲ 通海湖观景台

▼ 奉贤校区原址上唯一得以留存的建筑物——亭子

▲ 通海湖、实验楼

◀ 通海湖栈桥

▲ 体育馆

校门

校门是一所学校的重要标志，往往留给人最深的记忆。建校以来，徐汇校区正门经历了多次大的建设。

第一次：1953年建成。主要结构为钢架外贴木条，并用石灰、水泥粉刷而成，门为竹篱笆状，比较简单。当时的学校还处在紧锣密鼓的建设时期，建设重点主要放在内部大楼等基础设施上，校门（包括围墙）仅作临时性考虑。

这个校门的风格很别致，有高大的中柱将大门一分为二。门上的装饰物极富时代特征，有红旗、五角星和毛主席像等，中柱上还写有“热爱自己的工作，自觉地创造性地劳动”的警示语。虽为临时性校门，却一直使用至1959年。

▲ 1954年，学校迁址梅陇时的校门

第二次：1960年建成。到20世纪50年代末，学校大规模的基本建设暂告一段落，校门的重建被提上议事日程。1959年动工新建的校门，结构上改为四柱斗拱式（无横梁），中间为大门，两边设侧门，边柱高而大，兼作门卫室（传达室）。门扉共有6扇，用绷铁丝网的钢管制成。这个校门从整体上看，比较简约，但很大气，有中国传统建筑之特征，且便于管理。1966年，学校在大门东侧扩建了门卫用房，是现在的警务室所在。

▲ 1960年建成的校门

第三次：1977年建成。校门由带有大横梁的方门柱组成，并有灯箱和旗杆装饰点缀。门卫一侧的小门上还加装了一个雨篷。

▶ 1977年建成的校门

第四次：1982年建成。自行设计、自行施工，改建成高7米、宽12米的钢筋混凝土门楼，两旁设有传达室和接待室。该校门最大的特征是具有由“门”向“亭”的样式扩展的风格，以6对方柱支撑起高大的假双层天庭，大方、气派。

▲ 1982年建成的校门

2002年，为了迎接建校50周年大庆，学校又在原来的结构上，将校门用石料面板全部封装，并改换了灯光照明，增添了校门的厚重感和明快感，是为现在校门的风貌。同时，此次改造也去掉了原来校门前的花坛。

▲ 2002年改建的校门

奉贤校区南门

奉贤校区南门，简单、俭朴却又宏大、开阔，外形为简化的海鸥翅膀，南临蓝色的大海，背倚学校通海湖和图文信息中心，寄寓学子张开思想的翅膀，在知识的海洋中自由遨游，展翅高飞。门口环抱形的广场寓意拥有海纳百川的气度与胸怀，鼓励学子拥抱世界，面向未来。

▼ 奉贤校区南门

食堂

徐汇校区最早的食堂，建成于1954年，位于校区西侧，由教工、学生共用。1957年，学校建设教工食堂，原教工、学生共用的食堂改为学生食堂。同年，大礼堂北侧建造了面积为756.5平方米的厨房，大礼堂兼作学生食堂。1961年，位于校区东侧的学生一食堂建造完成，原学生食堂改为学生二食堂。同时撤除大礼堂北侧厨房，大礼堂不再兼作食堂。1979年，留学生楼建成，设有268.7平方米的留学生食堂。1984年，学生二食堂经大规模装修，改为友谊餐厅，成为学校对外接待的就餐场所。

学校最早的食堂，后为学生第二食堂、友谊餐厅

学生第一食堂内景

1982年，学生第三食堂建成，面积为2 536平方米。同年，308平方米的清真食堂建成。1986年，学校又新建了1 443平方米的学生第四食堂。

▲ 学生第三食堂

▲ 学生第四食堂

2017年，学生一食堂拆除重建，2019年建成启用，是集师生就餐、学习研讨、文化交流于一体的现代化大学食堂。

▲ 2007年建成启用的奉贤校区第一餐饮大楼

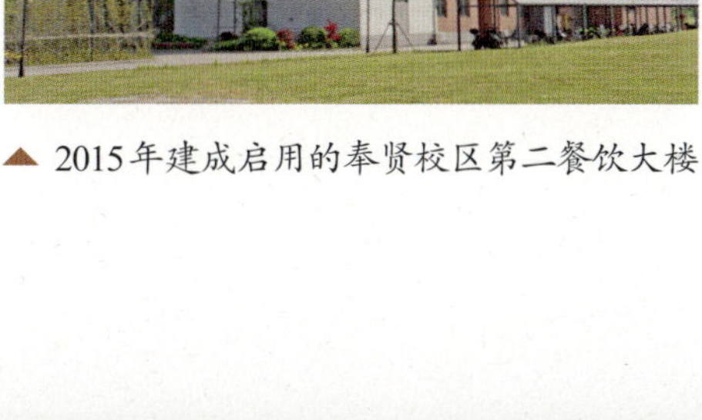

▲ 2015年建成启用的奉贤校区第二餐饮大楼

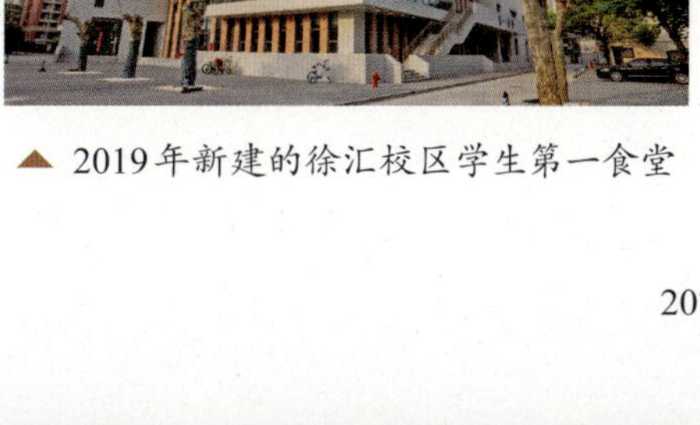

▲ 2019年新建的徐汇校区学生第一食堂

老图书馆

老图书馆是学校1953年选址梅陇初期就规划建造的重要建筑，于1955年落成，其总建筑面积为4 300平方米，南北向纵轴长达80米。该建筑在外形上注重采用我国传统建筑文化要素构件：翘角大飞檐、青砖黛瓦、有民族特色的图形纹样等。馆内设有简易吊梯（为方便日常的图书搬运）和地下附建式五级人防设施。

随着学校藏书和读者的日益增加，原有的馆舍面积已经不能满足需要，1987年，学校在此馆的西侧建起了面积12 474平方米的新馆。随后，老图书馆逐渐改作教学、档案管理等使用。2011年12月，其被列为徐汇区不可移动文物。2015年12月，其被列为徐汇区文物保护点。

▲ 建校初期的老图书馆

▲ 1980年代的老图书馆

▲ 徐汇校区新、老图书馆

图文信息中心

图文信息中心建成于2011年，位于奉贤校区中心位置，是目前奉贤校区最高的建筑。其建筑面积为32 200平方米，设有地下一层，地上九层。大楼采用抽象的长城烽火台造型，蕴含“居安思危、读书报国”的设计理念，寓意华理师生应时刻铭记国家曾经遭受的忧患，以复兴民族为己任，勤奋学习，奋发图强，努力成长为栋梁之材。

大楼的设计充分体现了绿色环保的理念。透明的玻璃外墙、半下沉式的裙楼报告厅，既充分利用了自然光源，又增添了外形的时尚美感。尤其是报告厅斜坡形的屋顶上植满绿色草坪，且自上而下向湖畔延伸，与湖边绿地融为一体，成为学生们课余休闲时的好去处。

▼ 图文信息中心

大礼堂

徐汇校区大礼堂位于校区中心，于1958年竣工，属砖木结构，坐北朝南，建筑面积为1 200平方米。大礼堂新建之初曾兼作食堂用房，1961年后不再兼作食堂。除学校大会、各类庆典、文娱活动外，大礼堂还设有放映间，配备荧幕，在午休或晚间时放映电影。

2001年，学校对大礼堂实施全面改造。改扩建后的大礼堂扩大了舞台，增加了门厅、贵宾室、化妆间等空间，在原有基础上向南拓宽5米，改扩建后总面积增加到1 940平方米。

1997年的大礼堂

2002年改建后的大礼堂

毛主席塑像

毛主席塑像位于徐汇校区中心地带——大草坪，为毛主席身穿军大衣，右手挥手，左手拿军帽像。塑像为钢筋混凝土结构，总高度为12.26米，象征着毛主席12月26日诞辰；像身的高度为7.1米，象征着中国共产党“七一”诞生纪念日；塑像底座占地约100平方米，用料为太湖石（后来修缮过，改用人造大理石贴面）。

塑像创作人员有学校教师2人、在校学生5人、上海玉石雕刻厂职工3人。塑像于1967年4月开始兴建，至当年12月26日毛主席生日前胜利完工。

1978年拍摄的毛主席塑像

2016年拍摄的毛主席塑像

牛雕塑

牛雕塑位于徐汇校区第四教学楼南侧草坪，由1985届毕业生筹资自建，材质用料为玻璃钢，雕塑主题——《无声的歌》，建造（落成）日期为1985年6月8日，建造目的是“为给教育自己四年的母校留下一个永久的纪念”。

历经数十年的风雨沧桑，尽管学校进行了多次维修，但雕塑身上依然留下了岁月的斑斑印迹。为了能给母校留下永久的纪念，1985届校友在毕业30周年之际，再次筹资，在原址、按原貌，重铸了一尊铜质牛雕塑。2015年10月31日，重新铸造的牛雕塑落成揭幕。

▶ 创作人员合影

▲ 2015年10月31日重新铸造的铜质牛雕塑

攀登碑

攀登碑位于徐汇校区和平楼南侧、费林加诺贝尔奖科学家联合研究中心（原第五教学楼）东侧，落成于1992年10月。造型简练，四根带弯的方柱，抽象表现为化工设备中的化工塔、管道，体现学校以化工特色建校；四根方柱聚在一起，错位布列，且一柱高过一柱，直耸苍穹，寄寓一代代华理人锐意进取，勇攀教育和科学的新高峰。

1992年10月23日，攀登碑揭幕

2016年拍摄的攀登碑

C_{60}分子模型雕塑

C_{60}分子模型雕塑是一尊白色的球形镂空立体雕塑，是C_{60}分子的立体模型，位于奉贤校区化学实验楼东侧。C_{60}分子因形似足球，故又被称为“富勒烯”“足球烯”。2007年10月22日，诺贝尔奖化学奖获得者、C_{60}的发现者、学校名誉教授罗伯特·柯尔为此雕塑剪彩揭幕。雕塑基座的铭牌上刻着罗伯特·柯尔给学校师生的题词。

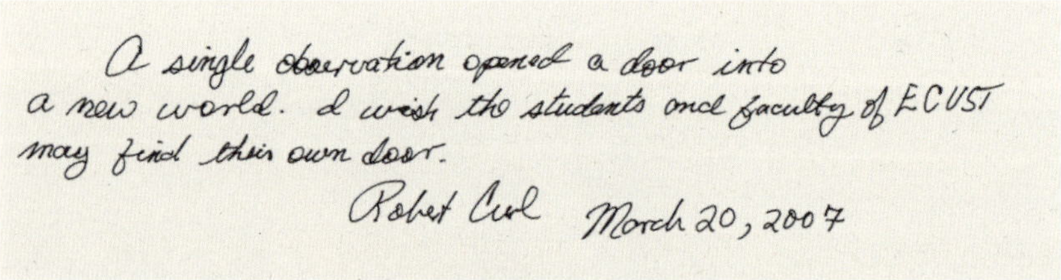
A single observation opened a door into a new world. I wish the students and faculty of ECUST may find their own door.
Robert Curl March 20, 2007

▲ 罗伯特·柯尔的题词

雕塑的设立，旨在以科学家求真、探索、创新、改革、团结的精神，激励学生在学习和科研的道路上不断取得新的进步。

▶ 2007年10月22日，C_{60}分子模型雕塑揭幕

手性分子模型雕塑

手性分子[1]模型雕塑位于奉贤校区的公共教学楼群内，是新校区启用后建成的首座雕塑。2007年10月，手性分子模型雕塑落成揭幕。

在2米多高的圆柱体基座上，一对硕大的金属手掌左右相对分开，中间隔以一块透明的长方形钢化玻璃，整个雕塑造型别致，既简约又大气。在雕塑的金属铭牌上，刻着2001年诺贝尔化学奖得主、在催化手性/不对称合成领域取得原创性贡献和突破性成就的日本名古屋大学的野依良治教授给学校的致辞：“化学是绚丽多彩的，也是令人兴奋的，更是有益人类的。”

▲ 手性分子模型雕塑

1 在化学世界中，许多分子具有两种形态，这两种形态在镜像上彼此对称，却又不能完全重合，就像我们的左手和右手那样，科学家称这种形态的分子为“手性分子”或“手征性分子”。手性一词，也用来指一个物体与其镜像不能重合。

蛋白质泛素浮雕

蛋白质泛素浮雕位于奉贤校区惜时广场，于2009年10月6日落成揭幕。蛋白质泛素浮雕的落成既是为纪念2004年诺贝尔化学奖获得者阿夫拉姆·赫什科教授的杰出成就[1]，也是为让科学精神在华东理工大学发扬光大。在浮雕基座上，刻有阿夫拉姆·赫什科教授为学校撰写的题词。

▲ 2009年10月6日，蛋白质泛素浮雕揭幕

1　2004年10月6日，瑞典皇家科学院宣布，将2004年诺贝尔化学奖授予以色列科学家阿龙·切哈诺沃、阿夫拉姆·赫什科和美国科学家欧文·罗斯，以表彰他们发现了细胞摧毁有害蛋白质（泛素调节蛋白质降解）的机制。

墨子像

墨子[1]像位于奉贤校区实验六楼旁，是2007年10月27日建校55周年之际，由山东省枣庄市捐赠的。墨子像寓意华东理工大学和枣庄秉承墨子“兼相爱、交相利”的思想，紧密合作，互利共赢，谱写产学研合作的新篇章，并希望墨子精神激励华理学子早日成为国家栋梁之材。

▲ 墨子像

1 墨子，名翟(dí)，墨家学说的创立者，是战国时代著名思想家、教育家、科学家、军事家、社会活动家。他创立了以几何学、物理学、光学为突出成就的一整套科学理论。墨家学说中的理性逻辑和工程思想在诸子百家中独树一帜。

“黄坡岭精神”纪念碑

“黄坡岭精神”纪念碑位于奉贤校区大学生活动中心南侧草坪。2008年9月19日，为纪念学校在四川省自贡市艰苦创业，创办华东化工学院西南分院的光辉历程，学校在奉贤校区设立了“黄坡岭精神”纪念碑。

纪念碑正面题字为：“发扬‘黄坡岭’艰苦创业精神，努力建设高水平研究型大学”。在纪念碑的背面，则记录了华东理工大学在四川办学的历史梗概。

▲ 2008年9月19日，纪念碑揭幕

青春河

青春河位于徐汇校区。经过多年来的改造和建设，这一河道水系现已成为校园里靓丽的景观之一。师生员工将此河亲切地称为“青春河”。

从1953年起，学校在上海西南梅陇地区（梅陇乡、龙华乡）分批征地建设校区。当年原址上有多条自然河道，学校建校之初在这些河道上共架设了15座小桥。后为增加校园内的土地使用率，陆续填埋掉了一些不规则的小河道。

青春河全长约1.4千米，河道宽度在11至16米之间，多数河道宽约12米。河道经由学校东门外的张家塘港流入校区，然后向西南方向通过地下箱涵设施流入梅陇港。如今，河道上共有12座小桥。

2019年6月，学校成立了“河长制”工作委员会，对徐汇、奉贤两校区内的河道、湖泊治理和保护工作进行决策部署、考核监督。自此，学校开启了校区水环境治理与维护的长效管理机制。通过河岸修葺、护坡绿化迁移、水生态修复以及景观岸线的布局，青春河水质得到了很大改善，沿岸风景也更为优美宜人。

建校初期的简易竹桥

▲ 2020年拍摄的青春河

▲ 青春河上的小桥

▲ 1990年代，青春河泛舟

▲ 2007年拍摄的青春河

通海湖

通海湖位于奉贤校区中央位置，南临正大门，北与图文信息中心相呼应，是2006年建成的人工湖。该湖被命名为通海湖，寓意华理师生创造的点点滴滴，都会汇聚通向知识的海洋。

通海湖水系贯穿整个校区，设计中引入了海岛、湿地、沙滩等海洋元素。湖中小岛上饲养着孔雀、天鹅、鸳鸯等观赏动物，为校园平添了许多生机和活力。湖边还建造有亲水平台，亲水木栈道，可以饱览湖中美景，放松身心。

通海湖不仅是师生学习、休闲的佳地，也是学校开设“龙舟”课程的教学场所，更是上海市兄弟高校等开展联谊交流的特色文化活动平台。全国MBA龙舟邀请赛、上海西南片高校龙舟赛、奉贤大学园区龙舟赛、上海高校后勤文化节·龙舟邀请赛、上海市民运动会·奉贤区龙舟邀请赛等都曾在此举办。

▼ 奉贤校区通海湖景

750米林荫大道

徐汇校区行知路，全长750多米，东起学校东门，西至田径场，横贯整个校园。道路的两旁是100多株与校区同龄的二球悬铃木（俗称“法国梧桐”）大树，历经日月的滋养，高大挺拔、郁郁葱葱。每到夏天，棵棵梧桐犹如巨大的华盖，弧形伸展的树冠在顶部枝叶交错延蔓，结成绿叶悬垂的拱顶隧道，遮住似火的骄阳，送来自然的清凉，成为师生夏日最为喜爱的林荫大道。

▲ 行知路

后 记

从1952年到2023年，华东理工大学已经走过71个年头。春秋代序，七秩芳华。华东理工大学踔厉奋发、笃行不怠，栉风沐雨、勇毅前行，以敢为人先的探索精神和一往无前的奋斗姿态，走出了一条“缘化而立，依化而强”的特色发展之路。

2022年10月，为庆祝建校70周年，学校开设了华东理工大学建设成就展。该展览自揭幕以来，吸引了广大师生校友、社会各界友好人士的关注，参观络绎不绝，已经成为学校陈列发展历史、再现办学历程、彰显建设成就、联络师生校友、促进交流合作、开展校史教育的校园文化名片和网红打卡站点。

为了进一步凝聚校史研究成果，繁荣校本文化，讲好校史故事，广播学校美誉，2023年，华东理工大学档案馆决定以建设成就展展陈内容为基础，编印《华东理工大学简明校史》，旨在对学校发展印记进行全面、客观而又生动的记录，为学校赓续历史基因、奋进新的征程、再创辉煌成就奉献一本“存史、资政、育人”的“口袋”校史和工具书籍。

一图胜千言，一频传万语，一书记华年。为增强本书的涵盖面、可读性和传播力，我们“强图弱文，以图说史，图文并茂，媒体联动”，在进一步挖掘档案资源，补充征集史料，深入考证研究的基础上，以人物链接、扫描二维码延伸阅读等形式，适当穿插人物史和音频、视频，形成一部融档案、文字、图片、音频和视频等多种传播介质于一体的、可视听的立体书。

需要指出的是，校史研究是一项历史性工程和全校性工程，无论是华东理工大学建设成就展还是《华东理工大学简明校史》，均离不开学校党政领导的关心指导、相关学院部门的鼎力支持、档案捐赠者的爱心善举以及一代代专兼职档案人的精耕细作，尤其是档案馆原馆长陆宪良老师的开创性工作，让我们获益匪浅。本书使用了大量归档的历史照片。这些照片作为记录学校历史的珍贵档案，对于呈现本书内容具有不可替代的价值。但鉴于其历史性和档案性质，照片的版权所有者已无法准确追溯。对此，我们一并致敬并表示衷心感谢。

因编撰时间紧张、出版经验不足、史料档案有限等原因，本书内容难免存在诸多疏漏、不当、差错之处，敬请广大师生、校友和读者不吝指教。

编者

2023年12月

图书在版编目(CIP)数据

华东理工大学简明校史 / 王惠文，段义严主编. —上海：华东理工大学出版社，2023.12（2024.9重印）

ISBN 978-7-5628-7149-1

Ⅰ. ①华… Ⅱ. ①王… ②段… Ⅲ. ①华东理工大学—校史 Ⅳ. ①G659.285.1

中国国家版本馆CIP数据核字（2023）第170655号

项目统筹 / 曾文丽
责任编辑 / 曾文丽
责任校对 / 孟媛利
装帧设计 / 居慧娜
出版发行 / 华东理工大学出版社有限公司
地址：上海市梅陇路 130 号，200237
电话：021 – 64250306
网址：www.ecustpress.cn
邮箱：zongbianban@ecustpress.cn
印　　刷 / 上海盛通时代印刷有限公司
开　　本 / 890 mm × 1240 mm　1/32
印　　张 / 7.5
字　　数 / 186 千字
版　　次 / 2023 年 12 月第 1 版
印　　次 / 2024 年 9 月第 2 次
定　　价 / 50.00 元